从零开始学
社群营销
（第2版）

丁 颖 ◎ 编著

清华大学出版社
北京

内容简介

本书是一本关于社群营销的书,全书共 12 章,由浅入深地讲解了有关社群营销的相关内容,包括社群营销基础知识讲解、社群营销的具体做法、各类实际的社群营销操作、社群裂变传播的方法和社群营销的变现方法。

本书知识点全面,实用性较强,使读者能够快速了解并掌握社群营销的实用技巧;在讲解方式上,以图示化的方式进行内容展示,力求让读者轻松掌握相关操作。本书特别适合想要通过社群完成营销任务的相关人员,包括新媒体营销人员、公众号推广专员,同时也适合自媒体、电商卖家、种草达人和微商等相关人员。

本书封面贴有清华大学出版社防伪标签,无标签者不得销售。
版权所有,侵权必究。举报:010-62782989,beiqinquan@tup.tsinghua.edu.cn。

图书在版编目(CIP)数据

从零开始学社群营销 / 丁颖编著. —2 版. —北京:清华大学出版社,2021.3
ISBN 978-7-302-56523-9

Ⅰ. ①从… Ⅱ. ①丁… Ⅲ. ①网络营销 Ⅳ. ① F713.365.2

中国版本图书馆 CIP 数据核字 (2020) 第 182643 号

责任编辑:李玉萍
封面设计:李　坤
责任校对:张彦彬
责任印制:丛怀宇

出版发行:清华大学出版社
网　　址:http://www.tup.com.cn,http://www.wqbook.com
地　　址:北京清华大学学研大厦 A 座　　邮　编:100084
社 总 机:010-62770175　　邮　购:010-62786544
投稿与读者服务:010-62776969,c-service@tup.tsinghua.edu.cn
质 量 反 馈:010-62772015,zhiliang@tup.tsinghua.edu.cn

印 装 者:小森印刷霸州有限公司
经　　销:全国新华书店
开　　本:170mm×240mm　　印　张:21.25　　字　数:340 千字
版　　次:2018 年 8 月第 1 版　2021 年 4 月第 2 版　　印　次:2021 年 4 月第 1 次印刷
定　　价:59.80 元

产品编号:086203-01

前 言

▶ 编写目的

互联网的飞速发展为人们的社会交往提供了新的渠道，也为商品营销提供了新的思路，社群营销正是基于这两个要点形成的。

没有一个人是一座孤岛，在生活中一个人特别的兴趣和爱好可能不被大多数人欣赏，难以寻觅知音，但是社群可以。所以秉持着"物以类聚，人以群分"的理念，社群将有相同兴趣、爱好的人们集合在虚拟的互联网世界中，并形成闭合的圈子，人们可以在这里分享自己的生活和爱好。而为了实现和提升社群的价值，社群营销便应运而生。

是很多人对社群营销存在误解，认为社群营销就是单纯的你情我愿的网络购物。实际不然，社群营销有弱化中心的特点，更注重社群中成员的感受，让社群中的每一个成员都拥有发言权，能够在自己的兴趣圈子中表达自己喜欢、讨厌以及欣赏等各种情绪的直观感受。这样的运营方式让成员与运营者之间的联系更紧密，信任感也更强，营销也更加人性化，所以更能够得到粉丝的支持。

在今天，社群营销已经不再是一个新鲜的概念了，我们在日常生活中常常会看到各类社群营销的身影，如微信公众号、朋友圈、抖音以及微博等，同时也催生出了一大批社群营销的成功案例，因此很多营销人员摩拳擦掌，迫不及待地渴望从中分得一杯羹。

但是社群营销并不是一件容易的事，为了帮助营销人员提高社群营销的能力，我们编著了本书。本书由浅入深地讲解了社群营销的相关知识，具体有以下一些特点。

特　点	说　明
内容实用 操作性强	本书摒弃了理论讲解方式，以实际有效的操作知识和关键点作为要点进行介绍，帮助营运人员快速掌握社群营销的实用技巧
语言简练 通俗易懂	本书在语言表达上注重简练，以深入浅出的方式讲解了各个知识点，帮助读者快速理解和掌握内容
图解展示 学习轻松	对于比较烦琐的操作，本书以图示化的方式进行展示，力求让营销人员轻松掌握相关营销操作

▶ 本书结构

本书共 12 章，包括基础理解、社群营销的做法、实际社群营销介绍以及社群营销的技能提升 4 个部分，具体内容如下所示。

部分	主要内容
基础理解	该部分为本书的第 1 章，是帮助营销人员入门的基础知识讲解，介绍了社群及社群营销的概念、社群营销的特点和社群营销的模式
社群营销的做法	该部分为本书的第 2～5 章，进入社群营销的主题，讲解如何进行社群营销，介绍了社群的创建、粉丝的维护、内容的输出以及营销的技巧，通过全方位的介绍，帮助营销人员快速掌握社群营销的关键
实际社群营销介绍	该部分为本书的第 6～10 章，是本书的重要内容，介绍了各类实际社群的营销操作，包括 QQ 社群营销、微信社群营销、微博社群营销、短视频社群营销以及论坛社群营销
技能提升	该部分为本书的第 11～12 章，是社群营销的技能提升部分，主要介绍了社群裂变传播的方法和社群营销的变现方法

▶ 本书读者

本书特别适合想要通过社群完成营销任务的相关人员，包括新媒体运营专员、公众号推广专员，同时也适合自媒体、电商卖家、种草达人、微商以及想要从事社群营销工作的相关人员。

由于编者经验有限，加之时间仓促，书中难免会有疏漏和不足之处，恳请专家和读者不吝赐教。

编　者

目 录

第 1 章 社群营销概述 ... 1

1.1 如何理解社群及社群营销 ... 2
- 1.1.1 什么是社群 ... 2
- 1.1.2 互联网社群的形成与发展 ... 3
- 1.1.3 如何解读"社群营销" ... 4

1.2 互联网时代的主流营销方式 ... 4
- 1.2.1 社群营销与传统营销的区别 ... 4
- 1.2.2 社群营销的优点是什么 ... 6
- 1.2.3 社群营销是新型的行业形态 ... 7

1.3 培养社群思维做营销 ... 8
- 1.3.1 什么是社群思维 ... 8
- 1.3.2 社群的粉丝即客户 ... 9
- 1.3.3 打造社群场景,促成消费 ... 10

1.4 社群营销的运作模式剖析 ... 12
- 1.4.1 聚集粉丝是社群营销的基础 ... 12
- 1.4.2 打造核心价值是重点 ... 14
- 1.4.3 保持社群活力是关键 ... 15
- 1.4.4 建设社群自己的文化 ... 16

第 2 章　营销从建立一个优质的社群开始 …………………… 17

2.1　无规则不成方圆，为社群设定规则制度 ………………………… 18
- 2.1.1　加入规则，设定门槛 ……………………………………… 18
- 2.1.2　入群规则，统一要求 ……………………………………… 19
- 2.1.3　交流规则，互动前提 ……………………………………… 20
- 2.1.4　淘汰规则，优胜劣汰 ……………………………………… 21
- 2.1.5　分享规则，提高社群价值 ………………………………… 23

2.2　精准的定位为社群发展的核心 …………………………………… 24
- 2.2.1　用户画像找寻目标群体 …………………………………… 25
- 2.2.2　了解客户的需求痛点 ……………………………………… 30
- 2.2.3　结合自身的优势 …………………………………………… 35
- 2.2.4　升华社群的定位 …………………………………………… 37

2.3　建立明确的分工，做好管理 ……………………………………… 38
- 2.3.1　好的群主是成功的一半 …………………………………… 38
- 2.3.2　管理员的职责内容 ………………………………………… 40

2.4　制定合理的激励机制 ……………………………………………… 40
- 2.4.1　物质激励与精神激励相结合 ……………………………… 40
- 2.4.2　正面激励与负面激励相结合 ……………………………… 44
- 2.4.3　短期激励与长期激励相结合 ……………………………… 45

第 3 章　社群营销一定要重视粉丝 …………………………… 47

3.1　社群粉丝的来源分类 ……………………………………………… 48
- 3.1.1　以兴趣爱好集合的社群 …………………………………… 48
- 3.1.2　以社交关系集合的社群 …………………………………… 56
- 3.1.3　以地理位置集合的社群 …………………………………… 58

3.2　粉丝经营，提高社群价值 ………………………………………… 59
- 3.2.1　互动提高粉丝活跃度 ……………………………………… 60
- 3.2.2　建立信任感提高粉丝的黏合度 …………………………… 64

3.2.3　充分挖掘粉丝的需求 65

　3.3　策划活动，让粉丝积极参与 66
　　　3.3.1　打破时间和空间限制的线上活动 66
　　　3.3.2　交往更深的线下活动的组织 73
　　　3.3.3　活动复盘查找问题所在 75

第 4 章　持续性内容输出保证社群价值 77

　4.1　内容输出不能只顾输出，更应注重价值 78
　　　4.1.1　内容保持原创性 78
　　　4.1.2　提供实际有效的干货 79
　　　4.1.3　内容排版编辑有特色 80

　4.2　标题往往决定了要不要看内容 86
　　　4.2.1　利用主副标题快速点题 86
　　　4.2.2　数字式标题简单明了 87
　　　4.2.3　问答式标题，带着问题找答案 88

　4.3　制作出有价值的内容 90
　　　4.3.1　关注热点话题，紧随潮流 90
　　　4.3.2　积累优质素材，做好筛选 93
　　　4.3.3　保持持续性的高质量输出 97
　　　4.3.4　提升自我，高质量学习网站推荐 101

　4.4　明确社群内容的主体风格 104
　　　4.4.1　内容上使用同一元素 104
　　　4.4.2　固定封面图的风格 106
　　　4.4.3　文章配图要统一艺术风格 110

第 5 章　玩转社群要掌握的基本技巧 113

　5.1　维持社群内的高活跃度 114

5.1.1 社群沉闷的原因分析 114
  5.1.2 核心成员的开发与培养 115
  5.1.3 个性表情包活跃群内气氛 118
  5.1.4 根据成员属性分层运营 122

5.2 掌握社群管理的工具 124
  5.2.1 在线图片设计工具——创客贴 125
  5.2.2 社群管理工具——微友助手 128
  5.2.3 线下活动发起工具——活动行 131
  5.2.4 社群裂变工具——建群宝 134

5.3 社群运营的危机处理 137
  5.3.1 学会更具说服力的表达方式 138
  5.3.2 管理社群话题，引导讨论方向 139
  5.3.3 处理违反规则的社群成员 141

第 6 章 QQ 社群，最早期的网络社群 143

6.1 高人气的 QQ 空间打造 144
  6.1.1 QQ 空间社群营销的优势分析 144
  6.1.2 QQ 空间如何维持高访问量 145
  6.1.3 QQ 空间装扮不可或缺 150
  6.1.4 开通 QQ 公众空间做营销 154

6.2 兴趣部落，基于兴趣公开的主题社区 156
  6.2.1 什么是兴趣部落 156
  6.2.2 申请酋长做部落大当家 158
  6.2.3 创建一个自己的兴趣部落 161

6.3 QQ 也有一个公众平台 165
  6.3.1 手机 QQ 公众号的入口在哪里 166
  6.3.2 申请注册一个 QQ 公众号 167
  6.3.3 QQ 公众号的运营技巧 170

第 7 章　微信社群，社群营销的基础阵营……173

7.1　微信公众号运营策略……174
- 7.1.1　创建注册一个微信公众号……174
- 7.1.2　公众号中的自动回复设置……178
- 7.1.3　个性化的自定义菜单栏设置……180

7.2　做不让人反感的朋友圈营销……186
- 7.2.1　做好朋友圈基础装饰……186
- 7.2.2　朋友圈广告投放多样化掌握……188
- 7.2.3　吸引人的朋友圈广告文案编辑……191
- 7.2.4　紧盯朋友圈黄金时刻表……197

7.3　利用微信的多样玩法助力营销……198
- 7.3.1　微信红包，花样红包玩法……198
- 7.3.2　微信游戏，互动引爆社群……200

第 8 章　微博社群，高覆盖率的营销平台……203

8.1　微博话题，最高效的营销方式……204
- 8.1.1　在微博中创建一个话题……204
- 8.1.2　借助热门话题蹭热度……205
- 8.1.3　创建话题上热门……207
- 8.1.4　微博"直播"拉近距离……210

8.2　充分发挥粉丝的力量……214
- 8.2.1　快速增加微博的粉丝量……214
- 8.2.2　把握粉丝头条的优势……217
- 8.2.3　懂得激发粉丝的互动热情……221

8.3　学会使用微博营销工具……226
- 8.3.1　微博营销内容类工具……227
- 8.3.2　微博运营分析工具……230

第9章 短视频，一条新兴的社群营销渠道 ... 233

9.1 抖音短视频的玩法介绍 ... 234
- 9.1.1 以产品为中心，聚焦产品 ... 234
- 9.1.2 以内容为中心，重视视频观感 ... 238

9.2 短视频营销的常用技巧 ... 243
- 9.2.1 单刀直入，直接展示产品 ... 243
- 9.2.2 周边产品融入，提升效果 ... 244
- 9.2.3 场景打造，巧妙加入产品 ... 244
- 9.2.4 深入挖掘产品功能，扩大客户范围 ... 246

9.3 争取平台的热门推荐 ... 247
- 9.3.1 了解抖音热门推荐机制 ... 247
- 9.3.2 抖音两大视频审核检测渠道 ... 249
- 9.3.3 抖音视频质量检测机制 ... 250

9.4 不得不掌握的短视频拍摄与剪辑方法 ... 251
- 9.4.1 视频拍摄工具选择 ... 251
- 9.4.2 认识不同的视频拍摄视角 ... 253
- 9.4.3 视频拍摄中常见的构图方法 ... 255
- 9.4.4 学会运镜，使视频更高大上 ... 258
- 9.4.5 利用剪辑软件，菜鸟也能轻松剪辑视频 ... 260

9.5 如何提高短视频的传播量 ... 266
- 9.5.1 利用小技巧提升视频传播效果 ... 267
- 9.5.2 利用抖音跨平台引流 ... 268

第10章 网络论坛也可以做社群营销 ... 269

10.1 百度贴吧，一个因兴趣而聚集的社群 ... 270
- 10.1.1 了解百度贴吧 ... 270
- 10.1.2 完善账户信息，精准定位 ... 271

  10.1.3　创建贴吧，吸引盟友 275

  10.1.4　筛选一个适合的贴吧 277

  10.1.5　百度贴吧的发帖技巧 278

10.2　豆瓣网，一个文艺青年聚集地 279

  10.2.1　豆瓣网平台介绍 280

  10.2.2　豆瓣上写日记做推广 281

  10.2.3　进入豆瓣小组推广 282

10.3　知乎，一个问答互动的社区 287

  10.3.1　注册知乎账号并设置资料信息 287

  10.3.2　寻找优质的问题进行回答 289

  10.3.3　提出问题吸引回答 291

  10.3.4　掌握技巧提高运营效果 293

第 11 章　引发社群裂变的快速传播法 295

11.1　对裂变式传播的理解 296

  11.1.1　裂变式传播的定义与特点 296

  11.1.2　裂变式传播的前提 297

11.2　事件驱动下的传播 299

  11.2.1　热门事件是如何快速引爆的 299

  11.2.2　学会借东风的事件传播法 300

  11.2.3　策划一场完美的事件营销活动 301

11.3　影响力驱动下的传播 302

  11.3.1　利用明星影响力做传播 302

  11.3.2　行业专家传播信任度更高 303

  11.3.3　网红传播速度更快 305

11.4　利益驱动下的传播 307

  11.4.1　奖励刺激的直接式传播 307

  11.4.2　鱼塘互推的互助式传播 311

第 12 章　懂得变现获利才是硬道理..........315

12.1　社群变现率低的原因分析.................316
12.1.1　社群进入门槛较低...............316
12.1.2　社群内容产出单一...............317
12.1.3　社群缺乏新鲜的话题............318

12.2　社群变现的常见模式....................319
12.2.1　社群产品变现...................319
12.2.2　社群服务变现...................320
12.2.3　社群广告变现...................321
12.2.4　社群直播变现...................322
12.2.5　社群众筹式变现................324
12.2.6　社群拍卖式变现................325
12.2.7　社群分销式变现................327
12.2.8　社群周边变现...................328

社群营销概述 第1章

随着网络的高速发展,网络社群应运而生。社群营销就是以网络社群作为基础,通过连接、沟通等方式实现用户价值的营销,因为营销方式人性化、便捷化而深受用户喜欢。

- ▶ 什么是社群
- ▶ 如何解读"社群营销"
- ▶ 社群营销的优点是什么……
- ▶ 互联网社群的形成与发展
- ▶ 社群营销与传统营销的区别
- ▶ 社群营销是新型的行业形态

1.1 如何理解社群及社群营销

很多人对社群营销了解不多,甚至将其简单地理解为微信群营销或 QQ 群营销,这显然是不专业的。我们想要做社群营销,首先就要正确理解"社群"和"社群营销"的含义。

1.1.1 什么是社群

社群,一般人将其简单理解为一群具有共同属性并认同某一理念的人聚合起来的空间。这样看来,它与社区相同,但实际不然。社群与社区存在实质性的区别,具体如图 1-1 所示。

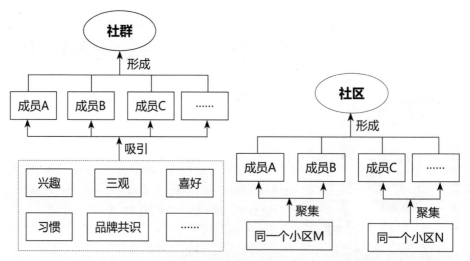

图 1-1 社群与社区的区别

从图 1-1 可以看到,社群和社区虽然都是由不同的成员基于一个或多个点形成的群体,但社群的点比较广泛,它可以是兴趣、爱好、习惯、三观以及品牌共识等,它不受地域空间的限制。而社区则不同,它完全受限于地域、空间,即同一个小区的成员形成的群体。

所以,社区强调的是人与人在物力空间中存在的联系,而社群则强调的是人与人在虚拟空间里存在的关系，它是互联网条件下形成的一种新型的人际关系。

1.1.2 互联网社群的形成与发展

互联网社群并不是突然出现的，它经过了一系列的发展变化才逐渐形成了今天的模样，主要经历了 4 个阶段，如图 1-2 所示。

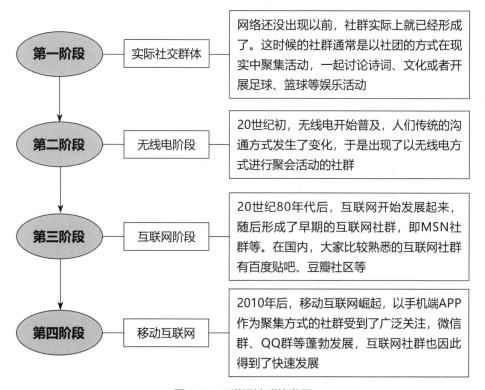

图 1-2 互联网社群的发展

纵观互联网社群的发展历程我们可以知道，社群的发展与人们交流方式的发展有着密不可分的关系。因为互联网的出现打破了原本人们交流时存在的时间和空间上的局限性，扩展了人们的社交范围，所以形成了越来越丰富多彩的社群交际圈。随着时代的不断发展进步，搭载社群的工具势必也会更新，届时社群必然也会得到新的发展，例如，社群智能化、意识化等。当然，目前这些还只是我们的愿景。

1.1.3 如何解读"社群营销"

社群营销是社群经济的体现,营销人员将一群有着共同爱好的人聚集在一个平台上形成社群,然后为这群人提供服务或产品,解决这群人的共性需求。

不同类型的社群,提供的服务和产品也不同,总体来说,社群营销主要包含但不局限于下述几项内容。

- ◆ **销售产品**:指向社群成员直接或间接销售产品。这是比较常见的社群营销类型,也是盈利最直接的方式。
- ◆ **提供服务**:指为社群成员提供各项有价或免费的服务,例如,咨询、反馈、互动以及售后服务等。
- ◆ **树立影响**:指通过社群成员多、范围广的特点传播品牌的知名度,进而扩大品牌的影响力。
- ◆ **维护关系**:指通过社群联系维护成员之间的关系增进互动、提升客户忠诚度。

总体来说,社群营销就是在网络社群和社会化媒体营销基础上发展起来的用户连接及交流更为紧密的网络营销方式。因为它的社群属性,可以让营销人员与社群成员有更紧密的联系,从而促使营销的成功。

1.2 互联网时代的主流营销方式

社群营销是互联网时代的产物,也是主流的营销方式,它打破了传统的信息壁垒,突破了时空的限制,短时间内快速传播信息,并且能够直接成交,节约营销成本,所以受到了营销推广人员的一致好评。

1.2.1 社群营销与传统营销的区别

社群营销相比于传统营销来说发展的时间并不长,但一出现就呈现出爆发式的增长,甚至有"碾压"传统营销的趋势,这是为什么呢?

首先我们知道,传统营销方式中常见的有电视、网络、户外展板、平面媒体和电波等。将这些传统营销方式与社群营销对比,发现它们之间的区别主要有以下 4 项。

1) 客户关系

传统营销方式中,客户关系比较淡薄,营销人员总是期望能与客户获得额外沟通的机会,因此想方设法采用各种营销手段进行营销,包括售后服务、售后回访以及回馈活动等。但是往往收效甚微,他们的联系大多属于单方面的,营销痕迹过于明显,很容易引起客户的反感。

而社群营销则因为基于社群的关系,所以营销人员与客户之间的互动会更频繁,也更自然,这样就使他们能够有更多的机会与客户沟通交流,从而培养和增强客户的忠诚度。

2) 所属关系

传统营销方式中,营销人员往往属于被动一方,他们必须通过各种各样的渠道展示自己的产品信息,吸引客户,最后销售产品。即便成功售出产品,客户也不一定在真正意义上成为他们的客户,因为缺乏有效的沟通、互动和联系,所以在面对同类化的产品时,客户很容易就转买其他产品。

社群营销通常有一个自己的社交载体,例如,QQ 群、微信群和微博群等,营销人员可以在群里通过自己的权限实时展示产品信息,回复成员的疑问,与成员亲密互动。这样看来,社群营销方式相比传统营销方式来说,主动性更强。

3) 信任感的建立

在传统营销方式中,客户往往会觉得自己陷入了销售人员的销售"话术"中,所以在面对销售人员时,客户通常会抱有强烈的戒备心理,对销售人员说的话也会反复斟酌、考量、选择性相信,以免自己上当受骗。

但在社群营销中,成员通常不会有这样的担心。因为社群成员之间交流密切且频繁,还能与本社群成员交流,分享心得,所以成员对社群营销的信任感更强。

4）传播价值

在传统营销活动中，品牌通常是以实实在在的口碑进行传播，而客户在不了解产品的前提下，通常会选择那些大品牌的产品。因此对于中小企业来说，品牌传播具有一定的难度。

但是在社群营销中，一方面成员之间可以对品牌信息进行广泛的分享传播，另一方面品牌可以借助平台传播至更多的社交媒体中。这无疑给品牌增添了更多的传播渠道，增强了品牌推广效果。

1.2.2 社群营销的优点是什么

如今，社群营销呈现爆发式发展，各行各业的企业都有意做社群营销，但是有许多人并不知道社群营销的优势是什么，只是人云亦云地去做。这样的做法，很有可能使其得不到预想的营销效果而早早放弃。

社群营销的优点比较多，主要有以下几个方面，如表1-1所示。

表1-1 社群营销的优点

优点	内容
低成本性	任何方式下的营销，成本都是第一考虑要素。社群营销最为显著的优点在于低成本，很多的社群建立甚至是零成本，营销人员找到精准的客户成员即可。但是低成本并不意味着低回报，社群营销将营销与传播二者结合，可以为企业带来高回报
传播速度快	社群中成员众多，且成员之间存在共性，所以营销推广信息很容易在社群内外快速传播，从而使信息无限传播
转化率高	相比其他的营销方式，社群成员中潜在客户的转化率更高，这是因为社群营销中营销人员通过与成员之间的频繁互动，建立了强烈的信任基础，所以成员一旦有需求就会首先考虑社群
复购率高	因为成员与社群建立起了高信任度，所以只要群主提供优质的产品或服务，便能轻松俘获成员的心，让其二次复购、多次复购，甚至不断介绍新人入群

1.2.3 社群营销是新型的行业形态

通过前面的介绍，我们对社群营销有了一定的理解，简单来说，社群营销是"互联网+社群+营销"的结合，是互联网条件下催生出来的一种全新的营销方式，也是一种新型的行业形态。

社群营销实际上并不难理解，它主要由3个部分组成，如图1-3所示。

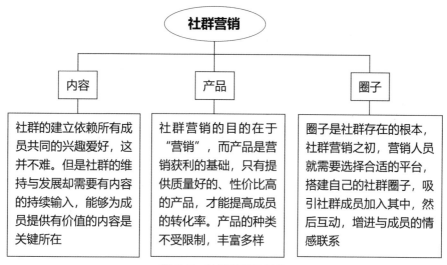

图1-3 社群营销的结构

想要做好社群营销，上述3个关键缺一不可，而且只有对其进行不断的优化，才能使社群营销获得理想的效果。以小米手机为例，小米品牌的快速发展离不开对社群营销的利用，下面我们来具体看看。

范例借鉴

小米利用微博建立社群，将用户定位于手机爱好"发烧友"，从而获取精准的客户——"米粉"。然后通过论坛讨论来维护社群成员的活跃度，同时为了增强"米粉"的参与感，小米邀请"米粉"共同开发MIUI系统，共同参与研发高性价比的手机。

随后"米粉"的口碑效应通过社群迅速裂变，每个社群成员化身为小米的推广人员，向身边的人推荐小米，形成裂变。通过社群营销，小米最终收获了忠诚度极高的粉丝群，带来的价值也不言而喻。

1.3 培养社群思维做营销

社群营销方式与传统营销方式相比，最大的特色在于突破了传统营销方式的思维局限性，将一对一的营销转化成为一对多的社群式营销，这就要求营销人员在做社群营销之前，先要培养社群思维。

1.3.1 什么是社群思维

社群思维看起来很复杂，但实际上很容易理解。在前文的介绍中，我们知道了互联网社群营销的发展历程，这实际上也是思维的发展转化过程。

在通信、互联网不发达的时期，传统企业的思维通常以产品为核心，抱着"酒香不怕巷子深"的想法，一心做产品，以产品质量来吸引客户。这样的思维模式在当时的确有效可行，但随着互联网的崛起，一系列电商平台快速发展，例如，淘宝、京东，人们通过平台可以快速对比、查找性价比高、质量更优秀的产品，致使以产品为出发点做营销推广的路越走越窄，中小企业不得不另谋出路。

社群思维就是在这样的前提下诞生的，如果说传统思维以产品为核心，向客户进行推荐销售，那么社群思维就是倒序思维，即以客户为核心，聚集精准的客户群体，为他们推荐适合的产品。下面以图示来分析，如图1-4和图1-5所示。

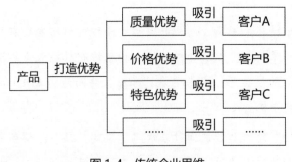

图1-4 传统企业思维

第 1 章 社群营销概述

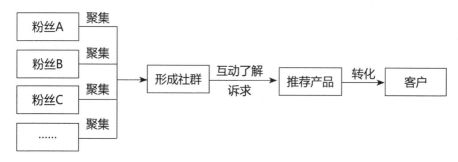

图 1-5 社群思维

从图 1-4 和图 1-5 中可以看到，社群思维与传统思维的区别在于将产品思维转变为人，以人为核心，重视客户的体验感受，建立信任，然后再完成销售。可以说，社群思维将成为未来商业发展的必然趋势，因为以人为核心的想法体现了企业对客户的尊重和重视，客户的体验度更高。

1.3.2 社群的粉丝即客户

粉丝是指参与度高、情感强烈的圈子化消费者群，营销者想要做社群营销，首先就要对自己的粉丝进行深入了解，面对他们，并和他们建立长期的、忠实的信任关系。

通过图 1-5 我们可以看到，社群营销首先是要聚集粉丝，最终再完成向客户的转化。所以说粉丝的聚集过程实际上是潜在客户的一个积累过程，它是社群营销的重要一环，也是基础环节。因此，粉丝对社群营销具有非常重要的意义。

另外，成功的产品与平庸的产品之间最大的区别也许不在于产品的质量，而在于有没有粉丝。一个品牌能够得到粉丝的追捧和拥护，必然会使产品口碑和质量都能得到提升。例如，一位演员演戏，他的观众未必个个都是专业的，难以评价，但因为带有了粉丝"滤镜"，所以自然对其爱护、拥护。所以粉丝对社群营销具有重要作用，具体如下所述。

① 粉丝能确保消费者对品牌的忠诚度。粉丝通常对品牌具有强烈的感情，

忠诚度较高，如果将产品与粉丝进行结合，不仅可以提升消费者对品牌的忠诚度，还能有效起到品牌推广宣传的作用。

②粉丝能够帮助品牌开发新客户。粉丝对品牌的热情能够帮助品牌开发新客户，尤其是粉丝周边的客户群体，同时这样的开发可以降低成本，甚至可以零成本。

③粉丝能够帮助新产品精准上市。粉丝通常为新产品的第一批使用者，或新产品开发的创意参与者，在产品开发研究过程中起到一个协力合作的作用，能够帮助企业新产品精准上市，以获得更多客户的喜欢。

在竞争越来越激烈的市场上，粉丝为重要的营销策划手段，粉丝背后的能量无可限量，所以营销人员要对其给予足够重视。

1.3.3 打造社群场景，促成消费

场景对社群具有重要意义，场景的搭建能促进客户消费，客户只愿意为特定的场景买单，所以在聚集粉丝之后，还要精准地搭建粉丝中意的场景，并且不断地优化场景，甚至开放社群边界引进新的社群文化来拓展场景，这样才能提高粉丝的忠诚度，从而体现社群的价值。

搭建场景听起来很虚拟，实际上很好理解，下面我们来看一个具体的例子。

范例借鉴

纯牛奶，初期的牛奶贩卖注重产品本质。它将牛奶装进玻璃瓶中，让客户看到牛奶的品质，觉得好就买。

然后，市面上的牛奶品种越来越多，物质越来越丰富，人们开始追求大品牌的产品。

如今品牌同质化愈发严重，企业营销开始致力于打造场景，让客户仿佛置身于场景中，去感受产品的魅力，从而吸引客户。例如，诺优能奶粉，打造自然场景，强调牛奶的原生态，具体内容如下所述。

"诺优能牛奶表示,城市里的孩子离自然越来越远,自然缺失将影响到孩子的身心发展。诺优能相信宝宝的成长离不开大自然的力量,秉承自然的理念设计产品配方;同时致力于践行中国的自然教育,希望与家长们一起,让孩子们身心强健,重新亲近自然,在大自然中收获成长。"

然后在牛奶推广宣传片中使用草原、森林等一系列自然景色,在吸引客户注意力的同时,让客户感受原生态的魅力,从而相信牛奶的原生态,如图1-6所示。

图1-6 打造自然场景下的牛奶

相比市面上大多数强调口感、营养的牛奶来说,诺优能打造自然场景吸引客户,更能展示其优势,可以吸引有共同追求自然、崇尚自然好味道的客户的注意力,让他们喜欢诺优能这一产品。

社群营销中的场景搭建主要包括3个部分,即内容场景、关系场景和商业场景,具体内容如下所述。

- ◆ **内容场景**:指社群的核心,要搭建具有内容的场景,产生内容。搭建内容场景时要有一定的能力,例如,沟通能力、想象能力、创新能力或文字能力等,才能将平台外的粉丝吸引到社群中来。
- ◆ **关系场景**:粉丝进入社群之后,与社群的关系还很淡薄,还停留于一维场景中,如关注公众号、文章粉丝和微信好友等。此时我们可以搭建一些关系场景,增加与群友之间的交流互动,增进感情。

◆ **商业场景**：商业场景是社群变现的模式，即要根据产品的特性或属性，为成员打造一个商业场景，从而促成其消费。

1.4 社群营销的运作模式剖析

通过前面内容的介绍，我们对社群营销有了一个大致的了解，明白了社群营销是怎么一回事。但是在正式开始做社群营销之前，我们还要针对社群营销中的关键点进行分析，才能避免在之后的营销中走弯路。

1.4.1 聚集粉丝是社群营销的基础

虽然知道了粉丝对社群及社群营销的重要性，但是对于如何聚集粉丝，很多人还是找不到门路。对此，我们可以从社群的连接点开始切入，社群吸引粉丝聚集的点就是社群与粉丝的关联所在。社群与粉丝的连接主要有以下两点，如图1-7所示。

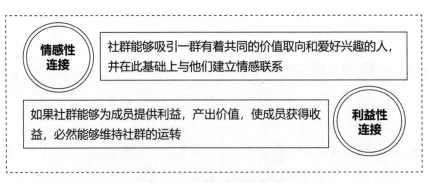

图1-7 社群与粉丝的连接点

简而言之，就是在与粉丝建立情感联系的基础上，为粉丝持续性地提供价值。但是具体要怎么做呢？可以借助马斯洛需求层次理论得到答案，马斯洛需求层次理论中提到了人的需求层次，并将人的需求分为5个层次，如图1-8所示。

图 1-8　马斯洛需求理论

马斯洛的需求层次理论将人的需求层次从低到高分为生理需求、安全需求、社交需求、尊重需求和自我需求。当一个人较低的需求得到满足之后，才能产生较高级的需求，即需求层次。

社群营销实际上是粉丝精神层面上的营销，在物质丰富的今天，生理层面上的基础需求已经不能满足粉丝了，粉丝开始逐渐追求心理层面和精神层面上的满足。粉丝消费的需求层次如图 1-9 所示。

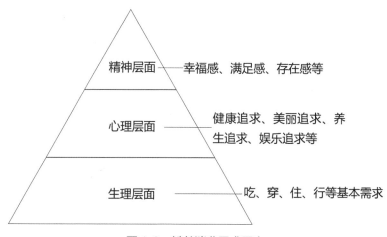

图 1-9　粉丝消费需求层次

所以聚集粉丝可以从以上 3 个层面入手，层次越高，粉丝的价值认同感越强，黏合度就越高，社群的稳定性也就越强。

1.4.2 打造核心价值是重点

核心价值是社群凝聚力的体现，社群成员只有认同社群的价值观，才会认同社群推广的信息。所以社群营销的重点还需要打造社群的核心价值，也就是社群的核心价值观。

价值观是人基于一定的思维感官而做出的认知、理解、判断或抉择，也就是人认定事物、辨别是非的一种思维或取向，从而体现出人、事、物一定的价值或作用。它具有稳定性、持久性、历史性、选择性和主观性的特点。

在社群营销中，价值观主要具有以下 4 种作用，如图 1-10 所示。

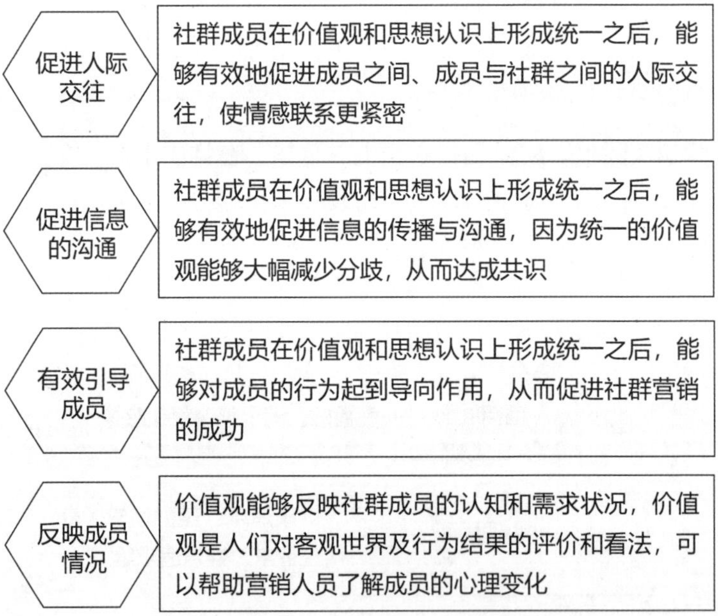

促进人际交往	社群成员在价值观和思想认识上形成统一之后，能够有效地促进成员之间、成员与社群之间的人际交往，使情感联系更紧密
促进信息的沟通	社群成员在价值观和思想认识上形成统一之后，能够有效地促进信息的传播与沟通，因为统一的价值观能够大幅减少分歧，从而达成共识
有效引导成员	社群成员在价值观和思想认识上形成统一之后，能够对成员的行为起到导向作用，从而促进社群营销的成功
反映成员情况	价值观能够反映社群成员的认知和需求状况，价值观是人们对客观世界及行为结果的评价和看法，可以帮助营销人员了解成员的心理变化

图 1-10 价值观的作用

总体来说，在社群运营的过程中要建立正确的价值观，重视群成员的感受，关注他们的心理变化。如果一味地强调营销变现，那么很有可能引起社群成员的反感，导致成员背离。

1.4.3 保持社群活力是关键

保持社群活力是社群营销的关键，但在实际营销中却发现，我们的群往往在建立初期热热闹闹，但随着时间的流逝，社群里的话题却越来越少，发言的人也越来越少，相反地，广告逐渐增加，到最后社群彻底沉寂。那么，是什么因素影响了社群的活力呢？

影响社群活力的因素有很多，但主要可以分为下列3种，如表1-2所示。

表1-2 影响社群活力的原因

原因	内容
缺少话题	社群里的交流通常都建立在一个话题之上，例如"聚餐话题"，讨论餐点内容、着装要求以及酒店选址等，引发各个方面的话题讨论。但如果一个群里缺乏话题，那么会影响成员发言的积极性，也使聊天缺乏内容性，久而久之群成员自然就不愿意在群里交流了
缺乏管理	社群需要一种有效的管理，这种管理不是单纯地拉人加新或者剔除，而是对群成员的发言、交流、群文化等进行管理，只有高效管理社群才能有效提升社群的质量。毕竟谁也不想进入一个广告刷屏、素质低下的社群中
缺乏运营	社群建立之后还要对其进行运营，才能够实现最终的变现目标，包括组织策划活动、加强彼此联系等。不要到了促销活动开始时才想起社群，这样往往只能引起群成员的反感

了解了影响社群活力的原因之后，我们再来看看一个活力满满的社群具有哪些特征。

① 以共同的兴趣作为纽带，在群里积极讨论共同感兴趣的话题，增进彼此之间的感情。

② 社群内结构分明，群主、群成员各自履行自己的职责，遵守社群内的规则纪律。

③ 运营社群，在社群内营造出仪式感，让成员有参与感，然后使其产生强烈的归属感。

④ 保持社群内的价值输出，形成良好的循环。

1.4.4 建设社群自己的文化

社群文化是社群的标签，也是区别于其他社群的关键。一个社群如果能有自己的文化，那么将会使社群内部的凝聚力更强，对外也能进行有力的文化输出。这样的社群其价值自然远远要大于一个单纯集合粉丝的社群。建设社群文化可以从下述 3 个方面入手。

1）营造社群氛围建立群体共识

社群成立之初是基于成员们的共性，但成员们入群之后，运营人员就要对社群内的氛围进行营造，建立群体共识，给成员留下群体印象。

2）提供多层级的内容消费

社群经过一段时间的发展，会逐渐形成一个相对稳定且成熟的文化环境，虽然这样有利于成员之间形成互动与连接，但也在无形之中将新的成员排除在外。所以为了引进新成员、维持老成员，社群应该提供多层级的内容消费，满足不同成员的需求。

3）维持社群内的共性

社群会通过运营吸收新成员，但随着成员数量的增长，可能会出现一些新的内容，而这些内容是与社群初衷相违背的，导致社群质量由优转劣，社群文化被破坏。所以应该严格控制好社群内的价值走向，维持社群内的共性。

综上所述，社群文化需要运营人员精心建设、努力维护，才能使其发展得更好。

营销从建立一个优质的社群开始

第2章

社群营销的第一步就是建立一个优质的社群,这看起来虽然简单,但其中潜藏着的"猫腻"可不少,群规则建立、群成员找寻以及群管理,一项都不能少。

- ▶ 加入规则,设定门槛
- ▶ 交流规则,互动前提
- ▶ 分享规则,提高社群价值
  ……
- ▶ 入群规则,统一要求
- ▶ 淘汰规则,优胜劣汰
- ▶ 用户画像找寻目标群体

2.1 无规则不成方圆,为社群设定规则制度

国有国法,家有家规,社群也是如此。建立群规则能够有效地约束群成员的行为,提高社群的质量。在成立社群之初,营运人员就要对社群的规则有一个清晰的认识,才能设定出真正适合自己社群的规则。社群的规则有很多,不同的规则具有不同的作用,下面来分别看看。

2.1.1 加人规则,设定门槛

社群的成立离不开加人,但不是加的人越多就越好。我们需要设置加人规则,过滤并淘汰不适合的人,即只有设定社群的门槛,才能提高社群的质量。

虽然这样的规则设定会使我们的群成员添加速度变缓,但越是这样的社群其成员流失率在后期的实际运营中反而越低。不设置门槛,使新成员不断涌入,不仅单个成员素质无法保证,甚至可能出现劣质成员挤掉优质成员的现象。

常见的社群初始门槛设定方法有下列各种,如表 2-1 所示。

表 2-1 社群的加入门槛

类型	内容
特殊邀请制	指对特定的对象邀约入群,例如,群主或者管理员邀约,或者是设置邀请码入群
付费入群制	付费入群比较容易理解,即缴纳一定费用之后才能入群
身份条件制	实行严格审核机制,只有特定身份的人才能入群,例如班级群,必须验证姓名、性别等信息,无误后才能入群
产品购买制	购买一定额度的产品才能入群
实名入群制	需要上传个人身份信息,核实后才能入群,例如,客户信息电话、微信号等
会员入群制	设置好会员准入标准,达到标准才可以入群
任务入群制	设置一个任务,任务完成之后才能入群
等级入群制	例如,账户等级或会员等级满足一定条件才可以进入社群

续表

类 型	内 容
保荐入群制	必须由几个达到某条件标准的人推荐加入这个社群
答题入群制	回答相关问题,只有回答正确之后才能入群
层次入群制	新成员完成一定的任务就可以得到相应的等级权限,从而获得不同的内容需求,进入不同的社群

虽然看起来加入的门槛类型很多,但是万变不离其宗,它的最终目的都是想要起到过滤的作用。所以筛选的条件越多,社群成员就越精准,那么成员也就越珍贵。

2.1.2 入群规则,统一要求

新成员入群之后,还需向其说明入群规则,这也是给群成员仪式感最好的方法之一。新人入群后需要经历一个流程,具体如图2-1所示。

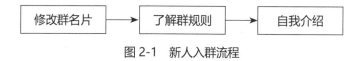

图 2-1 新人入群流程

根据群类型的不同,入群规则的设置也不同。但是通常社群都会首先要求群成员在入群之后做名片修改,统一名称格式,方便社群的运营和管理。

群名片的设置以实际需要为主进行修改,具体如下所述。

职称 | 真实姓名 | 编号

如:值月生 | 王月 |S020、志愿者 | 江新 |S014、践行 | 陈利 |S023

不同的群设置的规则不同,包括的内容也不同,下面来看一个知识分享群的群规则,了解入群规则的设置方法。

范例借鉴

一、作业录制要求

音频:以音频的形式提交音频作业及演讲提纲【文本形式】。

软件平台：喜马拉雅 FM 音频录制软件。

文字输出平台：公众号、知乎等文字输出软件【不强求】。

视频：以视频的形式提交视频作业。

软件平台：抖音、美拍等视频录制软件。

文字输出平台：公众号、知乎等文字输出软件【不强求】。

二、作业发送形式

以链接方式，发送自己的作业链接。

三、作业截止时间

每周日晚 10 点。

四、任务群成员的点评职责

群成员之间鼓励互相鉴赏点评，以群编号后一位点评前一位。

五、未按时完成作业者，请接受群规惩罚

发送 10 元红包到群中，份数大于 10 人。

根据上例可以看出，入群规则的设置完全依照社群的属性进行设置，要求社群成员们按时做作业，并及时提交，甚至还会进行惩罚。我们在实际的社群营销中，可以参照上述案例进行设置。

2.1.3 交流规则，互动前提

除了入群规则之外，社群通常还会对成员们之间的交流互动进行约束，避免社群内出现粗俗、违法以及刷屏等不良行为。每个社群内的成员特性不同，设置的内容也不同，但是通常情况下群成员的交流规则的设定主要包含但不局限于以下内容。

① 不与他人争吵，不使用语言暴力。

② 不发布违法乱纪、未经证实的谣言等信息。

③ 群内成员不得出现刷屏行为。

④ 不讨论与本群无关的话题。

⑤ 群内未经管理员允许，不得擅自发布广告信息。

下面来看一个实际的群内交流规则。

范例借鉴

（1）入群全体禁言，每周五开放分享时可发言，杜绝平时的聊天灌水现象，提升学习氛围。

（2）日常交流的过程中，有问题先用百度或谷歌搜索一下是最好的方法。如果问题仍然无法解决，再和大家一起探讨。

（3）所有成员请勿未经群管许可发布任何广告。

（4）要学会聆听，在其他成员没有完全表述完观点之前，请不要插话刷屏，或是故意打断其他成员发言。

（5）可以质疑别人的观点，但最好拿出你的理由，讨论问题的过程中有不同观点时可以争论，但不得对其他成员进行人身攻击，或是恶意捣乱。

（6）每次发言不得少于10个字。

上述为知识共享群的交流规则，所以对群成员的交流管理比较严格，一方面群成员的时间都比较紧张，固定时间开放可以有效维持群内的高活跃度。另一方面，对群内成员的交流方式要求也比较严格，例如，首先自行解决问题，然后再讨论，以及不可以随意质疑他人的观点等。

我们在实际的交流规则制定工作中只有切实考虑社群成员的身份、生活规律、工作性质以及社群价值等，才能制定出真正有意义的交流规则，促进群成员之间的有效沟通。

2.1.4 淘汰规则，优胜劣汰

对于开放型的社群来说，通常社群内成员数量众多，且质量参差不齐，这样会严重影响我们对社群的管理，也会影响社群运营的效果。所以群主需要设定淘汰规则，以保持社群的高质量性。

另外，淘汰规则的建立也会在一定程度上给成员带来紧张感，从而使其更加肯定社群的价值，并愿意为此付出努力，争取留下来。

设定社群的淘汰规则可以从以下几个方面考虑，如图 2-2 所示。

社群人数

提前为社群限制好成员数量，并定期对成员进行清理筛选，将群内长期潜水、参与度低、没有价值的成员剔除。制定这样的淘汰规则，一方面可以活跃群内气氛，另一方面也能提高成员质量。

惩罚淘汰

惩罚性淘汰主要是针对群内一些不遵守规则、影响社群正常秩序、对他人造成恶劣影响的成员，例如，发布垃圾广告，在群内谈论一些与主题无关的话题等。类似这样的行为会严重拉低社群质量，所以一旦有成员出现这样的情况，就需要对其进行惩罚，达到一定次数后就可以考虑剔除出群。

贡献淘汰

社群的最终目的在于营销获利，如果成员不能提供贡献，即没有消费想法，那么这类成员即便在群里保持高活跃度，意义也不大。所以制定淘汰规则时，可以考虑成员的贡献程度和开发价值。

末位淘汰

末位淘汰是指在一些质量较高的社群中，会定期给成员们出任务，然后根据结果进行排名，剔除最后一位不适合的成员。

图 2-2　淘汰规则

但是需要注意，任何淘汰规则的设定都要与成员事先约定，建立规则制度，然后才能执行。否则，很容易激起成员们的不满，影响社群内的气氛。下面来看看某个社群的淘汰规则设定例子。

范例借鉴

社群剔人规则：

（1）引起公愤者（在线人数X%以上向管理员举报），提出警告，再犯者，剔除！

（2）凭着自由自愿原则，可自由退出，但加入本群者要遵守群的相关规则，如不能遵守相关活动规定的请退出本群！

（3）长期不说话（超过1个月）或从不参加资源分享（进群超过2个月未参与分享的）请主动退群，群管理员有权力请其退群。

（4）群内成员更新，当成员长期（1个月）潜水，不积极参与讨论者，列入黑名单。在群公告中列出拟淘汰黑名单，被列入淘汰黑名单的人员可以在5日内向管理员申诉，解释理由，否则剔除。

2.1.5 分享规则，提高社群价值

每一个成员进入社群都希望自己能够从社群中获得价值，例如游戏玩家群，成员们进入社群一定希望社群可以解锁更多的游戏玩法和技巧。因此，社群内如果能定期分享资源，可以有效提高社群质量，还可以大幅提高成员们的活跃性和积极性。同时，社群内如果能够保证持续性的内容输出，必然会使成员更加肯定社群的价值。

从分享人的角度来看，社群分享主要可分为3类，具体如下所述。

（1）**群主或管理员的定期分享**。这是比较常见的一种分享方式，通常群主会和成员统一一个分享时间，然后分享一些知识、技巧以及经验。大部分愿意进群的成员都是冲着群主来的，所以希望群主可以分享更多实际、有用的内容。但是这样的分享方式比较适合行业内真正的专家，否则分享的内容无法吸引成员。

（2）**邀请嘉宾分享**。这是目前比较流行的一种分享方式，邀请的嘉宾也是行业内比较知名的人士。这样在大幅提高社群成员们的积极性、增强社群的

活跃度的同时,还能吸引嘉宾的众多粉丝来积极参与。

(3)**群内成员分享**。群成员的分享比较简单,通常就是要求群内成员轮流做分享,这样的分享可以最大限度地提高成员们的参与感,让社群保持高活跃度。但在实际的社群运营中,这样的分享方式运用比较少,主要是因为社群内的成员较多,分享管理比较难。但对于一些人数较少的社群,这样的分享还是比较适合的。

下面来看看某个社群内的分享规则。

范例借鉴

社群分享规则:

(1)社群分享要务实、效率、正面,重在价值分享。

(2)倡导"干货"分享,欢迎正能量话题讨论。

(3)发布股市行情相关新闻。

(4)本群每周五晚上提供技术炒股干货分享,也鼓励大家能够一起探讨。

(5)群内鼓励分享时政、财经、科技等有价值的信息,内容请在200字以内,超过则使用链接分享。

2.2 精准的定位为社群发展的核心

每一个社群都要找到自己的定位,定位的精准与否将直接关系到社群的运营效果好坏。可以这样理解,社群是客户和产品之间的纽带,如果纽带出现失误,则不能准确连接客户和产品,结果就是社群聚集非目标客户,并对其推荐不适合的产品,效果差是可想而知的。社群的定位主要应从两个方面入手,即客户和产品。下面来具体看看。

2.2.1 用户画像找寻目标群体

社群定位首先要定位客户,即清楚了解你的客户是谁,他们具有什么样的特点。把这些人精准定位了,社群的定位也就大致清晰了。

目标客户的定位一般可通过用户画像来完成,用户画像也被称为用户角色,它是一种勾勒目标用户、联系用户诉求与设计方向的有效工具。用户画像是真实用户的虚拟代表,它是基于真实的,但它不是一个具体的人。另外它是根据目标客户的行为特点差异进行区分的,并分为不同类型,组织在一起,然后把新得出的类型提炼出来,形成一个类型的用户画像。

从概念来看,用户画像好像很复杂,其实简单来看,用户画像就是为目标客户添加标签,例如年龄、性别、兴趣和地域等,然后将这些标签集合,就能得到一个抽象的用户信息全貌。如图 2-3 所示为用户画像示意图。

图 2-3 用户画像

从图 2-3 可以看到,用户画像就是将原本真实的人转换成为由一个个标签组合而成的虚拟人像,通过这些标签组合,我们就能够清晰地知道目标客户的特征,从而有针对性地做出营销决策。

用户画像对社群营销来说具有重要作用,具体如表 2-2 所示。

表 2-2 用户画像的作用

作　用	内　　容
精准营销	精准营销是用户画像最基础，也是运用最广泛的方法。与其撒网式地寻找客户，然后再做有效客户筛选，不如通过用户画像直接过滤掉不适合的非目标客户，将目标群体精准化，然后再做营销，可以避免前期的无效投入
数据分析	用户画像提供了目标客户的大数据信息，通过对这些数据进行分析，可以快速了解客户的各种信息，促进营销
产品设计	用户画像集合的目标客户信息，可以帮助我们设计出客户真正感兴趣的、有需要且有价值的产品

做用户画像需要经历 3 个阶段，即基础数据收集、行为建模和构建画像，具体内容如图 2-4 所示。

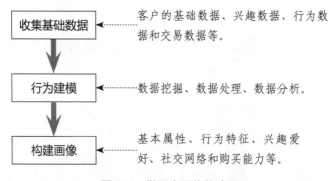

图 2-4 做用户画像的流程

下面我们来一一介绍。

1）收集基础数据

数据收集是做用户画像的基础，后续的工作都建立在数据收集基础之上。在收集数据之前，我们要明确数据的类型，用户的数据信息可分为静态数据和动态数据。

静态数据是指稳定的、短时间不会发生变化的基础数据，例如年龄、性别和职业等。这些数据通常为真实信息，不需要对其进行过多的预测分析，可以直接添加标签。

第 2 章 营销从建立一个优质的社群开始

动态数据是指用户不断变化的行为信息，例如页面浏览量、访问次数、活跃人数、流失率和贡献率等。用户的所有行为都属于动态信息，都可以对其进行收集分析。

现在市面上有许多具有数据收集、统计以及分析功能的网站和 APP，能够帮助我们完成用户的信息收集，例如百度统计。百度统计提供了丰富的数据信息，可以满足各类数据收集需求，运营人员通过百度统计就能轻松完成数据的收集。如图 2-5 所示为百度统计的数据类型。

图 2-5　百度统计的数据类型

在百度统计"分析云"中，可以看到自己的各类详细数据信息，信息以图示、表格的方式进行展示，以帮助运营者快速掌握和了解数据的变化。

进入分析云页面，系统会自动跳转至"数据看板"版块，在该版块内，我们首先需要对具体的数据做一个初步了解。如图 2-6 所示为数据看板。

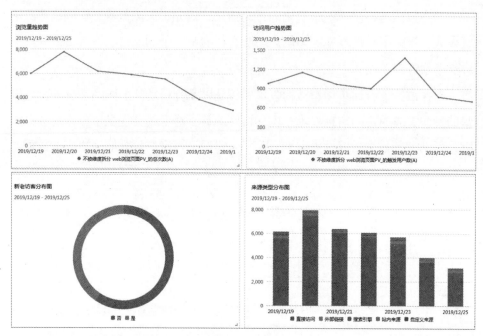

图2-6 数据看板

运营者还可以借助左侧的功能列表，对数据进行进一步的分析，筛选收集信息，如图2-7所示。

图2-7 数据分析

2）行为建模

行为建模是指在收集数据的基础上，通过技术手段进行建模。实际上就是对用户的数据进行分析和计算，然后再为用户添加标签，从而搭建出用户画像的标签体系。

因为不同类型的企业和产品对数据的要求不同，所以对数据的处理分析也不同。例如饮料公司，他们可能看重的是用户购买频率、口感、包装设计感觉、受欢迎的种类、最不受欢迎的品种、购买的年龄层次以及地域等，但服装企业，他们看重的则是用户访问网站的频率、网页停留时间、下单率、回购率、爆款、冷门款和衣料材质评价等。

虽然数据的要求不同，但是数据处理的流程大致相同，具体如图2-8所示。

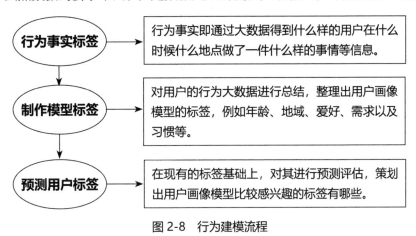

图2-8 行为建模流程

3）构建画像

构建画像是做用户画像的最后一步，也是利用用户画像能否精准找到目标客户的关键。通过行为建模我们得到了用户画像的标签集合，此时我们还要对这些标签进行分类，只有如此才能使我们的用户画像的形象更清晰。

标签分类主要体现在4个方面，即用户的基本特征、社会特征、爱好特征和行为特征，如图2-9所示。

图 2-9 标签分类构建用户特征

此外，我们还要针对产品和客户实际的需求情况，对这些标签的权重进行分析计算，即其中最为重要的标签是什么，那么在后期的营销策划中就能清晰找到营销重点了。

2.2.2 了解客户的需求痛点

社群想要吸引粉丝、打动客户并完成交易，就需要了解客户的需求痛点，才能拉近与客户的关系，给予客户最想要的产品。

但是在实际的营销推广过程中，很多营销人员对客户需求和客户痛点没有明确的认识并加以区分，出现将客户需求视为客户痛点的情况。首先我们从概念上来理解客户需求和客户痛点。

- **客户需求**：指在一定时期内人们的某种需要或者欲望。
- **客户痛点**：指用户尚未被满足的，而又被广泛渴望的需求。

通过概念可以看到，需求和痛点的区别主要在于需要与否和解决与否。需要且能解决的是需求；想要满足却没有被解决的就是痛点。

例如，肚子饿了想去外面吃饭，但外面下着大雨。

第 2 章　营销从建立一个优质的社群开始

需求：这里的"吃饭"是需求，只是为了满足自己的需要而产生的需求。

痛点：想要不出门就能直接吃上餐馆里的饭。由此产生了外卖，外卖看到了这部分想要外出觅食但又不想出门的食客的痛点，并为此找到了解决方法，所以得到了该部分客户的大力支持，从而得到快速发展。

那么应该如何深入挖掘客户的痛点呢？下面介绍几种经常被使用的方法。

1）转变身份，体会客户的感受

在产品销售中，我们属于销售人员，客户属于使用人员，所以很容易与客户之间产生矛盾，客户觉得销售人员不懂他的需求，也不了解产品的实际使用情况。而且如果销售人员在自身没有产品使用的经验体会时就直接营销推广，也没有说服力。

将自己当成客户，站在客户的角度来使用产品，公平公正地评价产品的使用情况，才能够在反复的使用过程中发现自己遇到的问题有哪些，想要改善的地方有哪些，产品本身还存在哪些缺点，然后将其记录下来，再结合相关的行业数据进行深度分析，就能找到痛点所在了。

2）利用大数据，快速分析

在如今这个数据时代，大数据的存在能帮我们解决很多问题，包括寻找客户痛点。我们虽然可以转换自己的身份去体验客户的感受，但是毕竟人数有限，且存在一些偶然性，可能得到的结果不是很准确。这时候可以利用大数据，看看大家对这些问题的反映，以及关注的重点，以此寻找痛点。

我们可以借助百度指数这类大数据分享平台进行分析。下面以护肤行业关于美白问题的痛点挖掘为例进行介绍。

范例借鉴

进入百度指数首页（http://index.baidu.com/v2/index.html#/），在页面搜索框中输入"美白"字样，然后单击"开始探索"按钮，如图 2-10 所示。

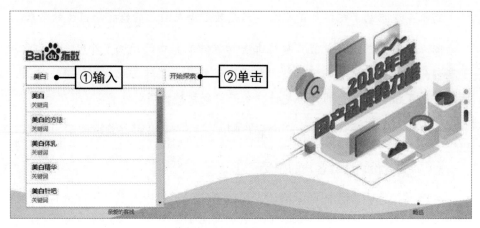

图2-10 搜索关键词

进入趋势研究页面,在该页面中可以看到大家对"美白"的关注情况,如热度是否强烈等,如图2-11所示。

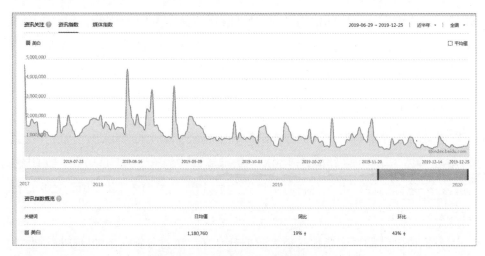

图2-11 "美白"的热度趋势走势

从这些图示中可以看到,在8月炎热的夏季,人们对美白的关注度呈现出爆发式的增长,其他时候关注度比较稳定,变化幅度不大。其中上半年整体上要高于下半年,这与气温、光照和节气等有关系。

再在页面上单击"需求图谱"导航按钮,就可以看到人们对美白的需求情况,如图2-12所示。

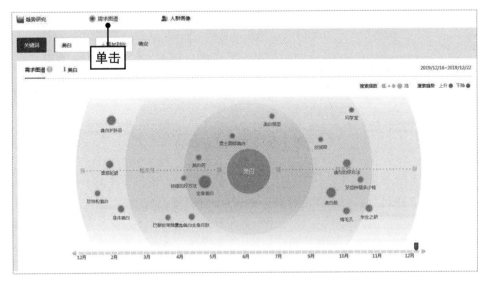

图2-12 "美白"需求图谱

从图2-12中可以看到,人们对美白最关注的是全身美白、美白护肤品,其次是美白好方法、美白保湿等。在页面下方还可以看到与"美白"相关的热词排行,能够有效帮助运营者查找客户痛点。

3)通过评价平台收集客户痛点信息

想要快速知道客户对于某一种产品或行业的痛点是什么,最直接的办法就是找到大家集中吐槽的平台,看看他们问得最多的问题是什么,最苦恼的是什么。

目前国内有许多这样的平台,例如贴吧、论坛等,下面以问答平台知乎为例进行介绍。

范例借鉴

进入知乎首页(https://www.zhihu.com/),在搜索框中输入"减肥最怕什么"字样,然后单击"搜索"按钮,如图2-13所示。

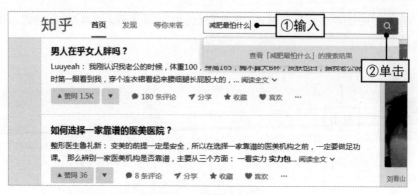

图 2-13　知乎搜索关键词

在搜索结果页面可以看到大家对于减肥的讨论。通过对这些内容的查看，可以快速了解到大家的痛点是什么，如图 2-14 所示。

图 2-14　查看关于减肥的讨论

除了直接搜索关键词查看评论之外，还可以在知乎中提问发帖，吸引对这一问题感兴趣的网友前来回答。这样得到的结果会更准确、直接。

在页面中单击"提问"按钮，在打开的对话框中输入问题描述（还可以插入图片、视频等），然后单击"发布问题"按钮即可，如图 2-15 所示。

第 2 章 营销从建立一个优质的社群开始

图 2-15 知乎提问

总体来说，了解用户需求痛点的方法有很多，运营者可以大力借助互联网，想办法得到大家的反馈和信息，才可能获得准确的痛点信息。

2.2.3 结合自身的优势

社群最终是为产品销售服务的，所以社群的核心定位离不开产品。但是如果直接将产品定位成社群的核心，营销目的性太强，很可能会引起大家的厌恶。所以为了降低大家的厌恶感，也为了准确定位社群，我们需要结合自身的优势，即告诉大家，社群具有什么样的优点，能够为成员们解决什么样的问题。

自身的优势可以从两个方面来寻找：一方面是对自身的细分深挖；另一方面是竞品分析，对比发现自己的优势和特点。

这样看起来好像很简单，实际上却不是，尤其是在商品同质化泛滥的今天，很难精准地找到自己独特的优势。比如，在共享单车大热的时候，出现了下面这样一幅图，如图 2-16 所示。

图 2-16　共享单车同质化

从图片上来感觉,似乎除了单车颜色不同之外,没有明显的差异与区别,也很难对比出特色和优点,这就是商品同质化带来的困扰。

在同质化日趋严重的今天,对于用户来说,产品的外观、功能和作用实际上都大同小异,我们很难通过产品的这些优势来打动客户。所以我们在寻找优势的过程中应该将重心放在差异化上,为其打造鲜明的风格,形成自己独特的风格定位,然后才能精准吸引用户。常见的做法包括下述各点。

①根据客户的现实情况,提炼出自己产品的优势。产品的优势不是自己认为的优势,而是客户选择的原因。客户为什么会选择它,那么它就具有了什么样的优势。所以我们在定位自身优势时,需要转换一下思维方式,不要将自己认为的优点加以宣传、定位,形成风格,而要以客户的实际情况为基础,再提炼出自己的优势,这样的优势更能吸引客户的注意力。

②客观竞品分析,查找自身不足。客观竞品分析指的是查看竞品或行业的相关数据分析,客观地比较分析出自身的不足,然后加以改进并优化,最后再形成自己独特的风格。

③主观感受竞品,对比分析。主观感受竞品是指将自己视为一个普通的客户,使用竞争产品,然后体会当下的感受,例如对方的服务特点、交流方式和

售后服务等，类似情景模拟。最后再对比自己的产品，比较分析二者的区别。

2.2.4 升华社群的定位

通过前期一系列的社群定位，社群吸引了许多有相同兴趣的成员进入。但随着时间的流逝和社群的不断发展与扩大，群管理人员会逐渐发现社群内的凝聚力不强，这涉及定位升华的问题，即社群缺乏统一的核心价值观。

我们通过精准的社群定位聚集成员，但还需要对这个定位进行升华，让其成为一种情怀，用感情将成员们紧紧联系在一起，这样才能让社群长久、健康且稳定地发展。

在社群互动中，必须谨记一个社群经济的商业逻辑，即只有更加紧密地连接，才能获得用户的信任，进而变现商业价值。虽然商业价值是我们的最终目的，但千万不要因为商业价值而破坏了社群与成员之间的情感联系。

升华社群的定位听起来比较抽象，但我们可以从 3 个方面入手，如图 2-17 所示。

共同的核心价值观

想要创立一个凝聚力强的社群，必须塑造一种鲜明的核心价值观，它通常体现的是群主的价值观，成员认同该价值观才会入群。价值观也就是我们常说的初心、情怀。

满足成员们的精神需求

一个稳定发展的、得到群成员们支持的群，通常是能够满足成员们精神需求的群。在物质丰富的今天，利益的吸引只能短暂聚集成员，只有精神上的满足才能得到成员们的喜欢。社群需要从三大基本精神需求——存在感、创造力和幸福感入手，满足成员们的精神需求。

精神之上的利益共同体

社群因共同价值观而精神统一，但同时也要兼顾社群成员的个人切身利益，为成员带来价值，才能让社群维持长时间的稳定发展。

图 2-17 升华社群定位的方法

2.3 建立明确的分工，做好管理

一个高质量的社群需要做好明确的分工管理工作，只有维持好社群内的秩序，才能保证社群的正常运营。相反地，如果一个社群缺乏管理，或是放任不管，那么必然会降低社群的质量，使成员流失。

明确的分工，要求社群内建立一个合理的社群管理体系，主要是群主和管理员，下面我们具体来看一下。

2.3.1 好的群主是成功的一半

群主作为社群的核心人物具有重要作用，且责任重大。我们知道社群运营包括3个方面，即学习、社交和责任，那么群主的主要工作就需要从这3个方面入手。

1）学习方面

一个社群的群主通常是社群的意见领袖或行业精英，又或者是专业人士，这样才能为成员提供价值，吸引成员跟随自己走。这就要求群主自己具备一些专业素养，严格要求自己才能带领好成员，包括但不局限于下列素养。

- ◆ 具有丰富的专业知识，能够为成员解决专业性的问题。
- ◆ 在专业方面具备探究、专研的精神，并且愿意为此付出心血。
- ◆ 具备高尚的人格魅力，例如真诚、正直，能够对成员起到引导作用。
- ◆ 待人热情，愿意分享自己的知识。

2）社交方面

群主是社群与成员之间直接连接的纽带，这就要求群主需要具备良好的社交能力，只有这样才能妥善处理好社群与成员之间的矛盾和成员与成员之间的矛盾，维持社群的正常运营。

具体来看，在社交方面，群主需要具备下述一些能力，如表2-3所示。

表2-3 群主的社交能力要求

要 求	内 容
打通成员之间的壁垒	社群内的成员之间大多彼此陌生、不熟悉对方，如果群主不能打破成员之间的壁垒，就会出现成员尴尬、不愿意发言、不愿意表露自己想法的情况。久而久之，社群的成员活跃度就会降低
增强成员之间的情感	除了基本的认识了解之外，群主还要致力于增强成员之间的情感，策划各种各样的活动，增进成员们的感情。这样就能大幅提高社群凝聚力，也能减少成员们之间的矛盾
解决成员之间的矛盾	群成员往往来自不同的地区，或者不同的领域，又或者是不同行业，有着不同的背景和学识，所以成员之间产生矛盾是很正常的事情。问题的关键在于，作为群主应该如何妥善解决产生矛盾这一问题，这就要求群主要具备一定的矛盾化解能力

3）责任方面

除了学习方面和社交方面之外，社群运营还需要群主具备一些实实在在的社群运营能力，这样才能处理社群运营过程中的一些常见问题。如下所述为某社群的群主职责。

范例借鉴

（1）负责社群架构和载体的搭建与运营。

（2）负责制定社群的规划，包括社群内容的策划、社群氛围的营造和增强社群成员的黏性。

（3）挖掘成员的需求，探索更多满足成员需求的运营机制，整合社群内外资源，丰富社群内容。

（4）核心成员深度挖掘和维护，保证社群的活跃度，与成员们保持联系，制造话题。

（5）定期总结，分析不足，及时做出相应调整，改进方案。

（6）推动活动、内容与产品的结合，为产品营销打好基础。

2.3.2 管理员的职责内容

社群管理员实际上是群主的辅助人员，为群主做一些细致的、具体的工作，能够在很大程度上减轻群主的压力，也是社群中不可或缺的一个关键性岗位。管理员的职责如表 2-4 所示。

表 2-4 社群管理员的职责

序 号	职 责
1	负责统筹策划社群的相关运营思路和方案
2	想办法吸粉入群，扩大社群规模
3	负责协调其他管理工作，并做好社群监督
4	对加入的新群友表示欢迎，以及告知其修改昵称、做自我介绍
5	适时代替群主做群内管理以及分享工作
6	维护好社群内部环境和秩序
7	针对群友问题给予解答，并积极和成员互动聊天
8	统计群人数和退群人数，对退群原因进行调查
9	对社群的每次活动做策划并执行

2.4 制定合理的激励机制

我们知道在一个企业中，为了提高员工工作的积极性，常常会建立激励机制，在社群中也是如此。虽然成员不是我们的员工，但是为了提高成员的参与感和积极性，我们可以在社群内制定激励机制。

2.4.1 物质激励与精神激励相结合

人们对激励似乎有一种惯性思维，认为激励就是物质奖励，如发奖金或奖品，当然这属于激励。但是完美的激励制度应该是结合了物质激励与精神激励之后的产物。

如果仅仅依靠物质激励制度，时间一长，成员们会养成习惯，任何的任务和决策都要建立在物质激励的基础上，这样一方面会增大社群运营的经济压力，另一方面还会降低社群的凝聚力，成员们为利益而来，无利便走。所以要结合精神激励，双管齐下。

物质激励比较普遍，大多数社群中都能看到，例如红包奖励、资料包、产品体验和最新资讯等，这里我们重点来讲讲精神激励。

很多人不明白精神激励的重要性，甚至将其视为个别人的矫情行为，其实不然，我们可以通过一个小例子来理解其主要性。

范例借鉴

玩游戏实际上是一件很累的事情，既费脑力，也耽误时间，需要玩家花费大量的时间和精力沉入其中，才能有所收获。如果玩家想要成为专业级选手，这并不会比考上名校轻松多少。但是很多人玩游戏就会沉迷其中，无法自拔，这是为什么呢？

实际上这就是物质激励与精神激励的结合。玩家完成一个任务，系统赠送相关的礼物，包括武器、衣服和皮肤等，然后升级过关，系统再给予相应的荣誉称号、比赛排名和奖状勋章等。如图 2–18 所示为某游戏的段位排名。

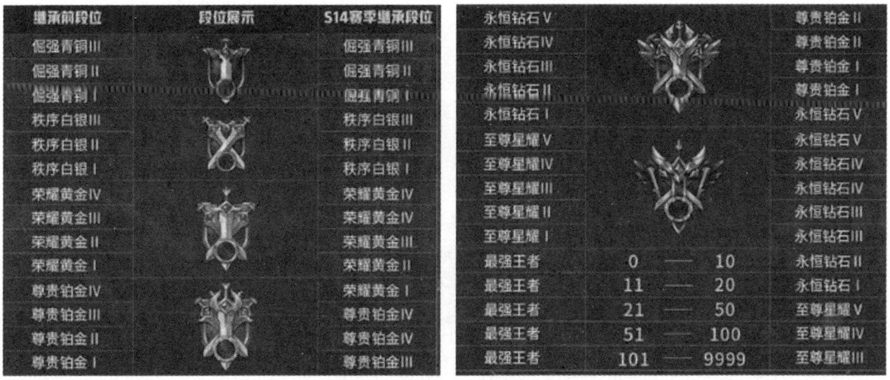

继承前段位	段位展示	S14赛季继承段位
倔强青铜III		倔强青铜III
倔强青铜II		倔强青铜II
倔强青铜I		倔强青铜I
秩序白银III		秩序白银III
秩序白银II		秩序白银II
秩序白银I		秩序白银I
荣耀黄金IV		荣耀黄金IV
荣耀黄金III		荣耀黄金IV
荣耀黄金II		荣耀黄金III
荣耀黄金I		荣耀黄金II
尊贵铂金IV		荣耀黄金I
尊贵铂金III		尊贵铂金IV
尊贵铂金II		尊贵铂金IV
尊贵铂金I		尊贵铂金III

永恒钻石V			尊贵铂金II
永恒钻石IV			尊贵铂金II
永恒钻石III			尊贵铂金I
永恒钻石II			尊贵铂金I
永恒钻石I			永恒钻石V
至尊星耀V			永恒钻石V
至尊星耀IV			永恒钻石IV
至尊星耀III			永恒钻石IV
至尊星耀II			永恒钻石III
至尊星耀I			永恒钻石III
最强王者	0	10	永恒钻石II
最强王者	11	20	永恒钻石I
最强王者	21	50	至尊星耀V
最强王者	51	100	至尊星耀IV
最强王者	101	9999	至尊星耀III

图 2-18　游戏的精神激励

该游戏将玩家分为多个段位，玩家只有不断晋级才能得到最高的荣誉，这就是精神激励。因此有的时候，一个荣誉称号、一个勋章，只要设计得当，会比物质激励获得更好的激励效果。

社群中比较常见的精神激励方法有 3 种，具体如下所述。

1）段位荣誉激励

社群中常常也会应用段位荣誉激励，鼓励社群成员们多多发言，积极表达自己的想法，也鼓励成员们积极提升自己的段位等级。现在许多社群平台也会提供这样的荣誉等级设置，帮助运营者们轻松实现管理，以 QQ 群为例。

范例借鉴

打开自己的 QQ 群，在 QQ 群聊天窗口单击"设置"下拉按钮，在弹出的菜单中选择"成员管理"选项，如图 2-19 所示。

图 2-19　进入成员管理页面

进入成员管理页面，切换到"设置"选项卡，向下滑动右侧滚动条，在成员信息版块中单击"编辑头衔"按钮，如图 2-20 所示。

第 2 章 营销从建立一个优质的社群开始

图 2-20 进入编辑头衔页面

进入群成员头衔编辑页面，平台提供了一些头衔类型，运营者可以根据社群行业或性质进行选择，也可以自定义设置，完成后单击"确定"按钮即可，如图 2-21 所示。返回 QQ 群就能看见更改后的群成员头衔了。

图 2-21 设置群成员头衔

2）社交型激励

社交型激励是指通过与他人之间的互动而获取的人际奖励，最常见的如朋友圈点赞和评论。当社群内的成员完成了某一项任务挑战时，可以集合、引导其他成员对其进行点赞、评论，或者鼓励，激励成员继续努力。

43

3）自我激励

精神激励中还有一项是自我激励，是指成员们能够从社群中体验到操控感、成就感或者是满足感等，这些感觉都会激励成员继续努力。例如群主设置一些难度适中的任务，激发成员们的挑战欲和求知欲，从而起到自我激励的作用。

精神激励相较于物质激励来说更复杂，其中包含的内容更多，但效果也更明显，需要群主精心设计。但需要注意的是，仅仅依靠物质激励的社群不会长久，同样地，单一的精神激励效果也不会明显，还是需要将精神激励与物质激励相结合，这样的激励制度才最恰当。

2.4.2 正面激励与负面激励相结合

很多人对激励理解比较片面，以为激励就是鼓励。实际上不是，从激励方法上来看可分为正面激励和负面激励，正面激励特指对激励对象进行肯定、承认、赞扬、奖赏和信任等具有正面意义的激励；负面激励特指对激励对象进行否定、约束、冷落、批评和惩罚等具有负面意义的激励。

正面激励与负面激励是两种相辅相成的激励类型，它们分别从不同的角度来对人起到激励作用。正面激励是主动性激励，负面激励则属于被动激励，两者结合时激励效果更好。人们常说的"小功不奖则大功不立，小过不戒则大过必生"就是这个道理。

社群中正面激励与负面激励的例子有很多，例如发红包、赠送礼物属于正面奖励，而成员被禁言、被剔除则属于负面激励。负面激励能够使成员更注意约束自己的行为，也利于社群的管理和运营。

需要注意的是，社群虽然坚持正面激励与负面激励结合的原则，但是从社群发展的角度来看，应该将正面激励放在主导位置，将负面激励作为激励机制中的一种补充，对成员起到一个警示作用，切不可本末倒置。

2.4.3 短期激励与长期激励相结合

短期激励指的是当下的激励，成员们现下就能得到的激励；而长期激励是指解决长期性的持续性的激励问题。但是，短期激励中的"短期"不一定是指时间短，它更多的是指一次性激励作用的发挥，受激励的人后期不会对该激励产生期待；长期激励不是单单指时间长，而是一种持续性的、长久性的激励效果。如表2-5所示为长期激励与短期激励的区别。

表2-5 两种激励的区别

区别	短期激励	长期激励
门槛	较低	较高
频率	较高	较低
时间间隔	短	长
激励力度	小	大

社群中比较常见的短期激励有小样、试用装、体验装和小红包等，而长期激励通常比较贵重，需要成员们经过很长一段时间的努力之后才能得到，例如出国旅游机会、手机新品等。

另外，短期激励与长期激励对社群而言，能够产生不同的作用。短期激励通常是在社群成立之初，为了吸引新粉丝转化成客户而设立的激励福利；长期激励则是为了培养客户的忠诚度，使其成为社群或产品的"铁粉"而设定的。

实际上短期激励在社群中比较容易见到，例如粉丝下单后页面立即弹出的分享领红包，就属于一次短期激励。它是针对这次的购买行为而给予的鼓励，只要分享出去就可以获得红包奖励。

长期激励通常的表现形式为积分制，社群内粉丝消费积分，当积分积累到一定的程度之后就可以兑换礼物。积分兑换要经过3个步骤，包括设置积分系统、制定积分规则和积分兑换。如图2-22所示为积分兑换图例。

图 2-22　积分兑换

综上所述,短期激励与长期激励在不同的情况下可为社群营销发挥不同作用,在制定激励制度时可以将两者结合起来综合使用,效果更佳。

社群营销一定要重视粉丝

第3章

社群的"群"来自粉丝，如果没有粉丝，那么社群也就不复存在了。我们在社群营销中，不管是前期、中期，还是后期，都离不开粉丝的支持，所以我们要重视粉丝的挖掘、转化以及维护，才能最终促成营销。

- 以兴趣爱好集合的社群
- 以地理位置集合的社群
- 建立信任感提高粉丝的黏合度
  ……
- 以社交关系集合的社群
- 互动提高粉丝活跃度
- 充分挖掘粉丝的需求

3.1 社群粉丝的来源分类

我们知道社群的类型有很多，例如产品型社群、兴趣型社群、知识型社群以及营销型社群等。这些不同类型的社群需要的粉丝也不同，因此经营社群，我们首先要知道自己的粉丝是谁，他们在哪里，这样才能以合适的方法将他们聚集起来。

3.1.1 以兴趣爱好集合的社群

以兴趣爱好集结粉丝是社群中比较常见的一种类型，一群人因为相同的兴趣爱好通过互联网聚集起来形成社群，在社群内集中讨论共同感兴趣的话题，例如小说交流群、登山群、自行车旅游群以及篮球群等。

通常这些群其群内成员的情感黏合度较高，群内交流较多，成员活跃积极，营销人员在与他们建立了情感交流的基础上，做推销是比较容易的。真正问题的关键是如何才能精准地找到我们的粉丝群体，然后才能引流吸粉。互联网中有许多软件和平台可以帮助我们，这里介绍几种比较常见的实用方法。

1) QQ 群的利用

QQ 群是比较早期的一种寻找、聚集粉丝的方式，利用 QQ 群的加群功能可以快速寻找到我们的目标粉丝群体。登录自己的 QQ 号，在账户界面的下方单击"加好友"按钮，如图 3-1 所示。

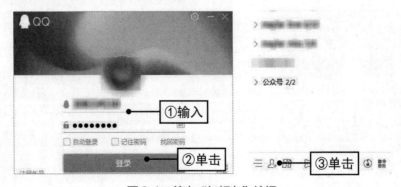

图 3-1 单击"加好友"按钮

进入查找页面,单击"找群"选项卡,此时界面的左侧会提供一些群分类,可以直接选择。例如选择"网络游戏"选项,在弹出的列表中选择"手机游戏/节奏大师"选项,如图3-2所示。

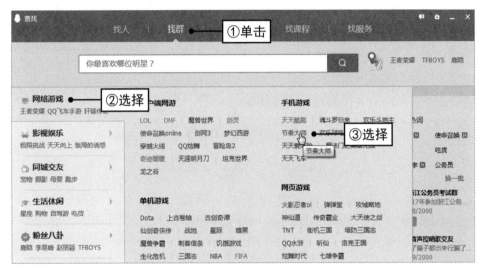

图3-2 选择节奏大师群

此时页面上会出现许多节奏大师交流群,如图3-3所示,营运人员可以直接单击"加群"按钮,入群寻找目标群友,发展粉丝。

图3-3 添加进群

另外，还可以在查找页面中的搜索框中直接输入群关键词查找，例如输入"汉服"字样，然后单击"搜索"按钮，如图3-4所示。

图3-4　关键词搜索群

此时页面中会出现众多汉服群，群内的成员必定聚集了大批汉服爱好者，如图3-5所示。

图3-5　搜索结果

2）微信搜索

虽然微信没有直接的微信群搜索功能，但是我们也可以利用微信来快速寻找精准粉丝群体，主要是利用微信公众号来寻找。

登录微信号，在通信录页面右上角点击"添加朋友"按钮，进入添加朋友页面，再在页面中选择"公众号"选项，如图 3-6 所示。

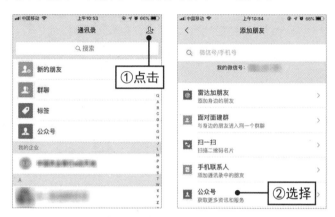

图 3-6　进入"公众号"页面查询

进入搜索页面，在搜索框中输入关键词，这里输入"爬山"，然后点击"搜索"按钮，页面会出现一系列与爬山相关的公众号，选择公众号添加。这里选择"爬山趣"公众号选项，如图 3-7 所示。

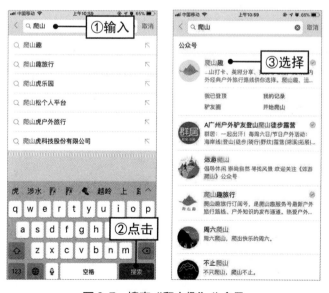

图 3-7　搜索"爬山趣"公众号

此时进入"爬山趣"公众号页面,点击"驴友圈"按钮,进入爬山趣户外旅行首页,如图3-8所示。

图3-8 寻找驴友

在界面下方点击"动态"按钮可以看到许多爬山爱好者的动态更新,随后可以点击"关注"按钮添加好友。还可以点击"户外群"按钮,添加爬山群,如图3-9所示。

图3-9 添加入群

需要注意的是，有的公众号并没有群功能，但营运人员可以通过公众号的其他功能寻找兴趣粉丝，例如评论区。一个与自己的社群兴趣相关的公众号必然会吸引许多精准的客户群体，所以营运人员可以多方面查看和运用公众号。

3）微博运用

微博中聚集了上亿名用户量，其中不乏我们的目标客户群体，所以我们要借助微博的一些功能，找到目标粉丝，将其发展成为我们的社群成员。微博中有许多功能都可以助力我们寻找兴趣相投的目标粉丝，下面我们介绍两种最实用的功能。

（1）微博标签

微博用户在注册编辑自己的用户信息时，通常会根据自己的特点或兴趣为自己添加不同的标签。我们可以对这些标签进行精准搜索，找到我们的目标粉丝群体，从而对他们进行关注。

登录自己的微博账号，在搜索框中输入"汉服"字样，然后单击"搜索"按钮，如图3-10所示。

图3-10 输入关键词

进入微博搜索结果页面，在页面中可以看到综合搜索结果。在页面中单击"找人"选项卡，如图3-11所示。

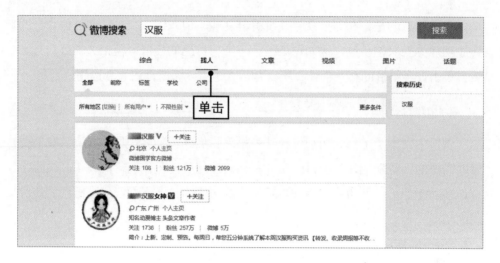

图 3-11 搜索结果

可以发现,此时页面中出现大部分昵称中含有"汉服"关键词的用户,但这类用户通常是我们的同行,包括公司或自媒体等,并不是我们的目标粉丝。所以我们需要单击"标签"选项卡,这样筛选出来的用户才很可能是我们的目标粉丝群体,如图 3-12 所示。

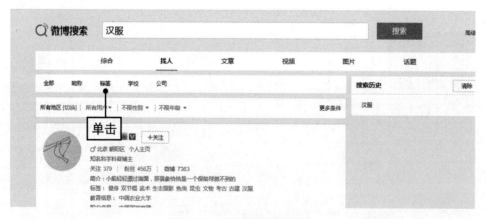

图 3-12 标签搜索目标用户

(2) 新浪微群

微博中也有群,也会以相同的兴趣爱好聚集粉丝并创建微博群,运营者在引流吸粉时也可以借助微博群。手机登录微博账号,进入微博首页,在页面下

第 3 章　社群营销一定要重视粉丝

方点击"消息"按钮，进入消息页面。在页面的左上角点击"发现群"超链接，如图 3-13 所示。

图 3-13　点击"发现群"

进入发现群页面，点击页面中的搜索框，输入"汉服"字样，点击"搜索"按钮，如图 3-14 所示。

图 3-14　输入关键词

页面中出现与汉服相关的微博群列表，选择微博群并点击"加入群"按钮，然后再点击"申请加群"按钮等待通过即可，如图3-15所示。

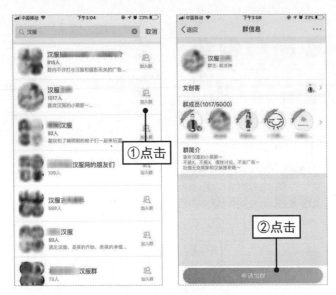

图 3-15　申请加入微群

总体来说，找到目标粉丝群体的方法有很多，运营者可以结合多个平台，多渠道地开发自己的粉丝群友。

3.1.2　以社交关系集合的社群

除了集合网上的陌生好友发展社群成员之外，还有一些社群是在实际社交关系的基础上发展起来的，他们可能是已经成交的客户、会员、朋友以及亲属等。通常这类社群的成员情感黏合度更强，成员对社群的信任度也更高，营销效果也更明显。

通常以社交关系集合成社群进行营销是实体店比较常用的方式，这样能够在维护客户关系的基础上，做到二次销售或多次销售。简单来说，就是将实体店内原本分散的客户聚合起来形成社群，做客户的维护与开发。

以社交关系建立社群做营销，实际上是一次客户思维的转换。在传统的客户销售中,我们的营销活动是以客户为主导,当客户有了需求时,我们再做推荐和销售,如图3-16所示为传统实体店客户交易流程图。

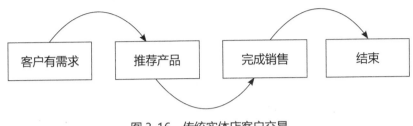

图3-16 传统实体店客户交易

在这样的客户思维下,实体店的二次交易通常要等到客户有二次需求时才会出现,而且还不能保证一定有二次需求,在此期间客户很可能会被市场中的同质化产品吸引,这对于客户的维护和发展是不利的。

社群思维下的客户交易则不同,如图3-17所示为实体店的社群思维下的客户交易流程。

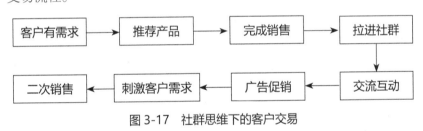

图3-17 社群思维下的客户交易

从图3-17可以看到,社群思维下的客户交易中商家对客户起到了引导作用,不必等到客户切实产生二次需求时再做销售,而是引导客户,催生出二次需求。在这样的营销思维下,客户关系可能更牢靠。但究竟如何引导客户进入社群呢?简单粗暴地直接拉人必然会引起客户的反感,稍有不慎还会永远失去客户。下面介绍几种实用性较强的拉人入群方式。

1)给客户方便性

大家都渴望通过简单的方式使我们的生活更加便利,对客户来说也是如此。所以可以对客户强调自己的服务能给客户带来的方便性,例如进入社群后,对产品有任何不懂的问题可以随时咨询,尤其是一些科技类、美妆类和服装类等产品。

2）给客户利益

无论什么时候，利益永远是吸引人的一大利器，社群吸引粉丝入群也是如此。可以设置一些入群礼物和群内礼物，例如小额代金券、赠品礼物等，只要客户入群就可以得到。这样可以大幅度提升客户入群的积极性，同时为了避免客户入群得到礼物后退群，可以向其强调群内会时不时地进行礼物派送。

礼物的选择与设置要与你的客户群体质量直接相关，如果客户的质量较高，产品利润空间较大，那么设置的礼物可以适当丰厚一些。

3）激发客户的好奇心

人都有好奇心，适当地激发客户的好奇心可以使其更快速入群。例如向客户说明社群内会经常发布一些最新的产品信息和资讯，社群内的会员可以优先看到一些新品，并享受一定的优惠折扣。

4）强调稀缺性

物以稀为贵，我们也可以将这一观点运用到社群拉人中。商家可以向成交会员说明，会员入群可享受产品的优先订购权，尤其是限量产品或是对非会员禁售的产品。

3.1.3 以地理位置集合的社群

互联网的出现确实打破了交流沟通中空间和时间上的壁垒，将更多的商家和客户联系了起来，但是仍然有这样一类社群，他们是以地理位置集合的社群，他们的社群对象通常为本地人士，或相同地理位置的人。

相同的地理位置是该类社群运营的前提，因为这类社群通常组织线下的活动非常多，相同的地理环境能够促成活动策划，使群内成员更团结。而且这类社群成员的质量相对来说更高一些，营销效果也更好一些。

以地理位置集合的社群比较常见于一些历史、文化类的社群中，一方面宣传当地文化，另一方面也集合有同样兴趣爱好的人。因为这样的社群其受众相对来说更少一些，客户要求更精准一些，所以引流的难度要稍大一些。

但实际上很多平台都会直接提供地理位置筛选功能，运营者在利用前面介绍的引流方法引流时注意一些粉丝的地理位置即可。以 QQ 群为例，我们进入 QQ 查找页面，在页面中输入关键词之后，单击"全国"下拉按钮，在下拉菜单中选择相应的地理位置即可，这里以"四川/成都"为例，如图 3-18 所示。

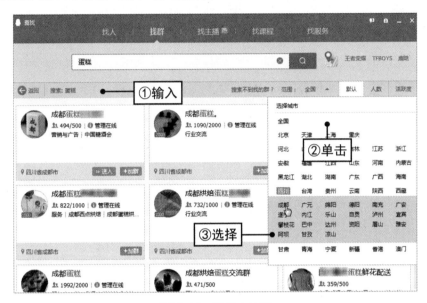

图 3-18　寻找本地群

3.2　粉丝经营，提高社群价值

将粉丝成功吸引入群之后，并不意味着社群运营工作的结束，甚至只能说是完成了社群营销活动的第一步，之后还有一系列的粉丝运营工作，这直接关系着粉丝能不能顺利完成转化，成为社群中的价值用户。

因为此时群内的成员大部分还是潜在客户群体，他们对社群还存在一定的戒备心理，或者还对社群充满着不信任感，需要我们经过一系列的社群运营工作来增进运营者与成员之间的情感联系。

3.2.1 互动提高粉丝活跃度

互动是指与粉丝相互作用的整个过程。如果经营社群只是单方面的定向输出，通常难以维护与粉丝之间的情感联系，也很难知道粉丝真正的需求和想法。而通过有来有往的互动，不仅可以增进粉丝与社群之间的情感联系，还能提高粉丝的活跃度。

但是，很多人对"社群粉丝"互动存在一定的误解，他们将互动单纯地理解为在社群中与粉丝聊天、分享。实际上，这只是一种最简单、最直接的互动方式。随着社群载体的应用升级，平台为社群运营者提供了各种各样的与粉丝互动的功能，我们只需要好好应用即可。

不同的社群载体，平台提供的功能和使用方法不同，这里我们以最普遍、应用最广泛的微信和微博为例，向大家介绍几种它们与粉丝互动的方法。

1）微信公众号互动

微信公众号是社群营销最常见的方式之一，它也存在许多与粉丝互动交流的小技巧，下面我们来具体看看。

（1）自动回复。

关注公众号后的自动回复是公众号与粉丝的第一次互动，也是留给粉丝的第一印象。对于很多忠诚度较低的粉丝来说，这也许是第一次互动，也有可能是最后一次，但如果能做好，就能给粉丝留下好印象，提高粉丝黏合度。

自动回复的设置包括两个方面的内容：一方面是设置自动回复的形式；另一方面是确定自动回复的作用，即通过自动回复的内容，粉丝可以知道些什么。自动回复的形式通常包括3种，如表3-1所示。

表3-1　微信公众号自动回复的形式

形　式	说　明
纯文字形式	这种设置比较常见，也比较简单，大多数公众号的自动回复设置都是以纯文字的形式出现。但是这样的形式比较单调、枯燥，如果文字太多，还会增加粉丝的阅读负担

续表

形 式	说 明
图片形式	这样的形式相比文字来说要更直接一些,但是因为公众号后台被关注后的回复不支持图文,只能用单一图片。这样的图片展示在很大程度上限制了内容的说明,所以很少有公众号会选择图片形式的自动回复
语音形式	以语音的方式直接跟粉丝互动,这样显得更亲切,可以拉近与粉丝之间的距离。但是语音有可能出现听不清、语速过快或者发音不准的情况

另外,自动回复的内容设置主要应从3个方面入手,具体如下所述。

①公众号的价值。告诉粉丝公众号能为粉丝提供的价值是什么,包括提供的内容是什么,或者能够为粉丝提供什么样的服务。这是粉丝们关注的重点,通常应放在自动回复的首要内容中。

②进一步互动了解。在告诉了粉丝公众号的价值之后,还要告诉粉丝如果想要进一步了解,应该如何互动,包括使用菜单、回复关键词以及查看历史消息等。

③产品的推广。还可以在自动回复的最后添加产品的推广内容,引导粉丝了解产品内容。

(2)公众号评论区互动。

可以在公众号中发布一些粉丝们感兴趣、关注度高或者有疑虑的文章,在文章的评论区中针对粉丝们的问题解答疑惑,充分利用评论区与粉丝互动。如图3-19所示。

图3-19 评论区互动

（3）粉丝的互动调查。

互动调查是一种直接、有效的互动方式，首先它可以直接了解粉丝的喜好，与粉丝产生互动，还能够收集整合粉丝的各种数据，促进社群的健康营运。如图3-20所示为某公众号在进行互动调查。

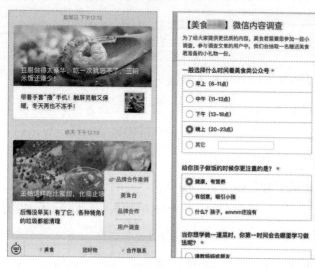

图3-20　粉丝互动调查

（4）有奖征文。

公众号需要定期发布文章，吸引粉丝阅读。如果公众号的文章内容来源于粉丝投稿，就可以极大地提高粉丝与公众之间的情感联系，提高粉丝对公众号的关注度。实际上这样的有奖征文互动在公众号中也比较常见，如图3-21所示。

图3-21　有奖征文

除了上述介绍的与粉丝互动的小技巧之外，还可以利用有奖小游戏或者开通定时会话等来增加与粉丝之间的互动。其实方法有很多，但效果却不尽相同，需要运营者们多多测试、合理选择。

2）微博粉丝服务互动

微博与微信不同，微博平台是将粉丝服务互动单独形成了一个版块，运营者们可以在其中更好地与粉丝进行互动。

登录微博账号，进入首页。在页面下方点击"我"按钮，然后再点击页面中的"粉丝服务"按钮，就可以进入粉丝服务界面，如图3-22所示。

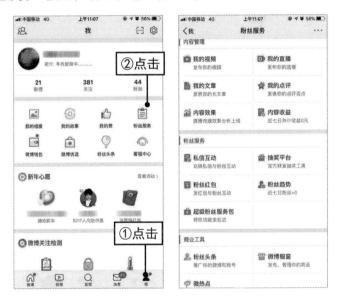

图3-22 进入粉丝服务界面

从这里可以看到，粉丝服务可分为5个部分，即私信互动、抽奖平台、粉丝红包、粉丝趋势和超级粉丝服务包。每一项中还可以细化分类，例如私信互动就包括自动回复、自定义菜单和素材管理等。

微博具体的应用与微信大同小异，需要注意的是，超级粉丝服务包提供了非常细致和全面的粉丝服务，包括抽奖平台特权、粉丝服务平台特权和营销特权等，但是需要支付服务费。

3.2.2 建立信任感提高粉丝的黏合度

很多人初期做社群营销时会发现，自己明明有大量的群成员，他们也是精准的潜在客户，但就是很少有人会真正下单购买。我们要知道粉丝不购买产品通常有3方面的原因：一是粉丝不是目标客户群体；二是粉丝目前没有需求；三是粉丝缺乏信任。

信任是社群营销的基础，只有社群成员对社群具备一定的信任感，才会相信社群提供的服务或产品。但是这个信任感是一种虚无的感受，比较抽象，应该如何去做呢？

信任，在社群营销中就是真实，给人真实感才能降低粉丝的戒备心理、提高粉丝的信任感。我们常常会看到，许多营销人员抱怨产品无人问津，打开他们的社群发现，里面被产品推广信息刷屏。这样的疲劳式轰炸，除了让人厌倦之外，当然很难有所回报。

真实，是指向粉丝展示真实的你，既不过度包装吹嘘，也不过分讨好，即便是在社群中也应该像现实中交朋友一样，真诚地展示真实的自己。具体的做法包括但不局限于下列各点。

1）资料信息真实展示

社群中通常都可以设置我们的头像、昵称、个性签名以及动态等，这是展示我们的机会，一定不要作假。头像可以是自己的照片；昵称也可以是自己的名字或姓氏＋产品名；个性签名可以留电话号码或者产品信息等。

最重要的是动态展示，例如朋友圈，很多人将其直接视为广告位，每天定时定量地发布一些产品推广信息，但是这样只会招致大家的反感，从而屏蔽你的任何动态信息。

动态展示应该是一个充分向粉丝介绍自己的平台，可以在其中展示自己的生活，包括生活中的一些趣事儿、有意义的事情或者大事，例如生日、过节、旅游、美食分享和电影推荐等。这样细小的看似无关的事，却能让人感觉到人情味，让人感受到真实感，你的形象也会逐渐在粉丝中清晰起来，信任感自然也就逐渐建立了。

2）实际的实例分享

有时候说得再多不如直接实例分享，因为作为营销推广的一方，被推销者天然地会对你产生抵触心理，你说的话、介绍的产品他们都会反复怀疑。所以在这样的情况下，可以用实际例子来说话，让已经使用过产品或体验过服务的人来分享会更具有说服力，也更真实。

3）分享一些专业性的知识

很多粉丝之所以会持怀疑态度，是因为他们不信任你，不信任你的产品和服务，对你的情况不熟悉。此时我们可以在社群中分享一些切实有效的专业性知识，打造自己的专业形象。需要注意的是，这些专业知识必须是真实、有效的，而且不是网上随意复制粘贴的内容。

总体来说，建立信任感是一项长期性的工程，我们可能需要花费很长一段时间才能建立起来，但后期的效果却是明显的。

3.2.3 充分挖掘粉丝的需求

经营维护粉丝，避免粉丝大量流失，就要懂得通过社群充分挖掘粉丝们的需求。粉丝有了需求，社群营销才能够成功。如果只是静静等待粉丝自己产生需求，那么社群的意义也就没有了。社群需要在粉丝还没有需求的时候刺激粉丝产生需求，从而促成营销。

简单来说，需求是交易消费的基础，粉丝有了需求，然后在价格、功能或款式适合的情况下就会完成交易，所以可以看出，粉丝消费实际上就是对粉丝需求的挖掘。

那么，应该如何来挖掘粉丝的需求呢？可以从下述3个方面入手。

（1）**激发粉丝对产品的兴趣。** 粉丝购买产品通常是因为对该产品产生了浓厚的兴趣或有切实的需求，这是交易完成的前提条件。社群中的成员都是基于同一目的入群的，大家有着相同的爱好和兴趣，所以运营者们只要将产品和兴趣结合做推广宣传，必然会激发他们的兴趣。

（2）引起粉丝对产品的缺乏感。如今市面上的产品同质化严重，虽然粉丝对产品产生了一定兴趣，但往往还不能触动他们做出下单的决定，此时运营者们还需要引起粉丝对产品的缺乏感。缺乏感指的是粉丝对产品或服务产生出的不满足感，简单来说，就是让粉丝觉得自己好像就缺了这么一款产品或某项服务。运营者可以让粉丝们幻想出有了该产品或服务之后的景象，通过现实与想象之间的误差，唤起粉丝内心中的缺乏感。

（3）放大粉丝们的购买欲望。通过前面积累的兴趣和缺乏感，可能会让粉丝产生购买的欲望，但这种欲望还不足以刺激粉丝直接购买或消费。所以此时还要放大这种购买欲，促成消费。放大购买欲是交易之前的最后一道屏障，我们可以借助促销、折扣和赠品等一系列优惠策略来完成购买欲的放大。

3.3 策划活动，让粉丝积极参与

在粉丝的维护与发展中离不开各种各样的活动策划，一场好的活动策划可以增进粉丝与社群之间的情感联系，提高粉丝对社群的信任感。粉丝活动可分为线上活动和线下活动两种类型，不同的活动类型，策划方式不同。

3.3.1 打破时间和空间限制的线上活动

线上活动是指基于互联网，在网络上发起并在网络上组织的活动。线上活动的开展打破了时间和空间的局限性，能够让更多的人参与到活动当中。

活动策划包含的内容比较多，工序比较繁杂，如果没有一个清晰、直观的流程，我们很容易陷入手忙脚乱的窘境中。如图3-23所示为线上活动策划流程图。

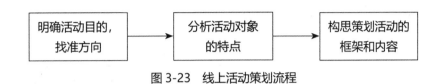

图 3-23　线上活动策划流程

对图 3-23 所示的线上活动策划的 3 个步骤，具体说明如下。

1）第一步：明确活动目的，找准方向

"明确活动目的，找准方向"包括两部分内容：一方面是此次活动策划的目的；另一方面是活动的受众对象。活动的目的，即通过活动想要得到什么样的结果，所有的活动方案都是围绕活动目的进行的。活动对象是活动中的主角，因此我们在策划活动之前要思考以下几个问题。

①我们的活动受众是谁？

②通过此次活动希望受众能够做出什么样的反馈？

③通过此次活动希望受众能够记住些什么？

④通过此次活动希望受众了解一些什么？

2）第二步：分析活动对象的特点

为了能让活动顺利开展，策划之前我们首先要分析活动对象的特点，分析如何激发他们的兴趣从而吸引活动对象前来参与活动。可以通过以下几个问题的答案找到结果。

①我们的活动对象在哪里？

②他们喜欢的是什么？

③他们喜欢怎样玩？

④什么样的活动可以吸引他们前来？

3）第三步：构思策划活动的框架和内容

经过前面对活动的一系列思考，我们可以正式实施具体的活动策划了，包括活动的框架和内容，即活动的主题、活动的时间和活动描述等。

综上所述我们可以知道，一次完整的线上活动策划包含的内容主要有以下几点，如图 3-24 所示。

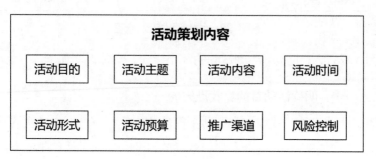

图 3-24　活动策划内容

（1）活动目的。

不同的活动目的引出的活动不同，我们策划活动之前要明确此次活动的目的是什么。通常线上活动的目的有 4 种，如表 3-2 所示。

表 3-2　线上活动的目的

目　的	内　容
发展新人	为了发展新人而开展的活动，以活动奖励吸引更多的潜在目标群体成为社群的新成员
品牌宣传	为了扩大品牌影响力而进行的推广活动
产品促销	为了促进产品销售而进行的促销活动
激活成员	随着时间流逝和同类产品的快速发展，社群成员流失严重，为避免成员流失需激活成员而开展的活动

（2）活动主题。

活动主题是活动文案的一部分，也是能否吸引成员加入活动的关键因素之一。活动主题的确定方法通常可分为两类：一类是利用节日，包括传统节日、西方节日以及新兴的节日等；另一类是利用当下热门的事件而开展的活动，属于蹭热度的一种。

需要注意的是，活动主题的设置一般不宜过长，要言简意赅、文字新颖、意图明确，能够让浏览者通过活动主题快速了解到此次活动的重心。

第3章 社群营销一定要重视粉丝

范例借鉴

①圣诞欢乐行,豪礼送不停。

②平安是福,果色添香。

③×××购书节,买一送二。

④××双"11",全场1折起。

(3)活动内容。

活动内容是活动策划的重点,通常包括3个方面,即活动规则、礼物奖品设置以及产品优惠。其中最重要的是活动规则,而礼物奖品设置和产品优惠通常会在活动规则中进行说明。

活动规则主要是对活动的一些细节加以说明和约束,以便能够让所有人在规则内更顺利地开展活动。活动规则的内容有很多,包括但不局限于以下各点,具体如表3-3所示。

表3-3 活动规则的内容

规　　则	内　　容
活动对象	限制参与活动的对象,不同的活动限制的活动对象不同,例如有的是以年龄区分,有的是以新老客户进行区分,有的是以消费额度进行区分,还有的活动是针对所有人
获奖条件	每一个参与活动的人都希望能够获得最终的大奖,但是并不是所有人都能得到奖品。所以就需要对获奖的条件进行限制约束,明确告诉参与人员,怎样才能获得奖品
产品范围	在产品促销类的活动中,并非所有的产品都要参与活动,所以我们需要在活动规则中明确说明参与活动的产品范围,避免产生不必要的误会
奖品名额	此次活动是否对奖品的名额做了限制,限制数量是多少,这些需要提前在活动规则中说明
参与入口	线上活动都存在参与入口,例如APP用户、计算机端用户等,都需要在规则中说明,有的活动是只针对APP用户开展的
活动重叠	开展活动时还会出现多个活动的情况,所以需要在活动规则中说明该活动是否能与其他活动重叠享受优惠

续表

规则	内 容
奖品的发放	线上活动的奖品与线下活动奖品不同，通常不是实时发放的，所以需要在规则中说明奖品发放的方式以及领取时间等
资讯途径	活动规则中还要添加客服人员的联系方式，以便参与人员咨询活动相关内容

下面来看一个具体的活动规则案例。

范例借鉴

①活动时间：2019年1月25日～2019年2月9日（在活动时间内，活动资源送完则活动自动结束）。

②参与方式：在"××移动"微信公众号中回复"福袋"关键字。

③活动规则：用户在活动期间参与活动，可通过本人参与、受邀、邀请好友3种方式参与活动，每个手机号累计最多可获得11个福袋。

a. 首次发起邀请成功，无论对方是否接受邀请，发起人均可获得1个福袋。

b. 每次被邀请人接受邀请，发起人和被邀请人双方各自可获得1个福袋。双方可互相邀请，均可以发起人和被发起人的身份各自获得1个福袋，但一方重复接受另一方的邀请时只为双方赠送1个福袋。

同一被邀请人接受多个发起人的邀请，均可获赠福袋，但单个手机号码累计获得福袋以11个为上限，之后再发起或接受邀请均不再享受。

④活动奖品：福袋的中奖概率为100%，内含奖励及具体中奖概率如表3-4所示。

表3-4 奖品与中奖概率

奖品	0.08元话费券	0.10元话费券	0.18元话费券	0.28元话费券	0.58元话费券	0.88元话费券	1.88元话费券	8.88元话费券
中奖概率	10%	40%	46%	3%	0.84%	0.1%	0.05%	0.01%

⑤活动所得话费券不可拆分、不可转赠、不可兑换现金、不提供发票，需要在60天内到"××移动手机营业厅"APP中兑换才可到账，请在截止日期之前兑换使用，过期自动失效；话费券兑换路径：××移动手机营业厅→我的→话费券；兑换成功后话费将自动充入您的个人通信馈赠金账户，充入的金额不提供发票。

⑥本次活动仅限××移动手机实名制客户参加，物联网、行业应用、数据卡套餐和任我行、动感上网套餐B等不限量套餐、任我用、轻松卡以及携号转网等客户无法参加本次活动，具体以活动提示为准。

⑦活动更多规则详询10086。

需要注意的是，在产品优惠方面，优惠的力度要适中，如果力度过小，促销效果不明显，还会引起参与人员对活动意图的猜想；如果力度过大，可能会增加自身的压力。另外，活动奖品的设置最好与自己的产品或服务结合起来，这样可以起到推广宣传的作用。在奖品的选择上可以选择爆款产品作为奖品，因为爆款产品的受众较广，大家对奖品的接受程度较高，也比较容易传播。

（4）活动时间。

针对不同的活动有不同的活动时间，需要结合实际的需求来切实制定。线上活动还需要提前花费大量的时间来对活动进行宣传预热，以吸引粉丝前来参加。

活动正式上线的时间也不宜过长，如果时间过长会挫伤成员参与活动的积极性。当然，活动也不宜过短，如果时间过短、过于紧迫，许多成员还未反应过来活动就已经结束，这样也达不到目的。通常来说，线上活动正式时间在5~15天内比较适宜。

（5）活动形式。

线上活动的形式是活动的重点，在设计上需要做到创新、有趣、低成本。随着互联网的快速发展，线上活动已经比较普通了，而线上活动的形式也多种多样，例如转发、评论、抽奖和小游戏等。在具体的形式设计与选择上，还是要根据平台特性和活动的目的进行考虑。

（6）活动预算。

活动计划制订出来之后，还要针对活动的预算进行统计，包括活动商品的成本、活动奖励成本和活动宣传成本等。可以按照活动的流程对相关物料进行统计，然后将需要的物品用表格按照名称、数量、金额列示，做好统计。

活动预算是活动效果分析的基础，所以在活动准备前期需要对活动预算有一个精准的核算。

（7）推广渠道。

宣传是活动顺利开展的重中之重，可以说一次成功的活动离不开广泛的宣传推广。在活动的推广宣传上我们需要对平台做好筛选，考虑我们的目标受众的聚集地，再针对性地做推广。

在推广渠道上，首先可以考虑一些免费的宣传途径，例如我们的社群平台微信公众号、微信群、朋友圈、微博群和QQ等。另外，在预算范围内还可以考虑一些付费的宣传途径，例如"大V"的转发。

（8）风险控制。

最后，针对我们的活动还要做好风险预期控制，对活动上线后可能会遇到的风险提前做好预测分析，并制定相应的处理措施。线上活动可能遇到的风险主要包括两类。

①技术性风险。线上活动参与的人数可能较多，最容易也最让人害怕出现的就是系统崩溃、网页打不开等技术性风险。所以，对此我们要提前测试分析，制定危机处理预案。

②用户风险。用户的反应是一场活动成功与否的直接反馈，如果用户对此次活动策划并不感兴趣，奖品也不能起到吸引用户的作用，那么很有可能出现活动危机。所以需要提前对用户的多种反应做好分析和预测，再针对不同的反应想好应对措施。

3.3.2 交往更深的线下活动的组织

线下活动与线上活动相比，有相同的地方，也有其独特的地方，例如活动地点。线上活动以互联网为载体，没有具体的活动地点，但是线下活动必须有具体的活动地点，以将参与活动的人聚集到同一个地点开展活动。

线下活动能够更好地促进社群成员之间的感情，因为社群交流基本以网络为主，网络为大家披上了"神秘的外衣"，在便捷的同时也加大了增进彼此交流的阻碍。线下交流是打破彼此隔阂、促进大家交流的一个机会。

策划线下活动首先需要思考以下几个问题，然后围绕这几个问题的结果来开展活动。

① 为什么要开展此次活动？——活动目的

② 参与活动的人是谁？——活动受众

③ 活动要做些什么？——活动内容

④ 活动在哪儿举行？——活动地点

⑤ 怎么告知大家活动的消息？——活动推广渠道

⑥ 活动应该怎么去做？——活动流程安排

根据上述内容我们可知，一场线下活动的策划内容包含活动目的、活动受众、活动内容、活动地点、活动推广渠道和活动流程安排这6个部分。其中活动目的、活动受众与活动推广渠道等与线上活动类似，就不再赘述了。这里我们主要介绍线下活动的活动内容、活动地点和活动流程安排。

1）线下活动的内容

线下活动内容相比线上活动更加具体，通常也比线上活动更丰富一些。不同类型的社群，其线下活动的内容会有所区别，常见的活动内容包括下述各点。

- **餐会型**：餐会型活动是指聚集社群成员一起聚会餐饮，以便成员们在一种轻松的氛围中交流分享。餐会型活动主要针对的是小型的社群，这类社群的成员其联系通常比较紧密，餐会型的活动内容能够更好地促进成员之间的交流。

- **会议型**：会议型活动包括研讨会、分享会和交流会，不同的会议类型，侧重点有所不同。
- **展会型**：展会型活动包括新品发布会、产品展销会以及展览会等，主要目的在于展示分享，促进品牌的宣传推广。
- **活动型**：活动型活动是指登山、游泳和旅游等，根据社群的类型不同，安排的活动也不同。在活动型的活动中，通过大量的互动、互助活动，可以快速增进成员之间的情感联系。
- **促销型**：促销型活动是产品类社群比较常见的活动类型，活动的目的在于促销产品,通过线下的活动，成员们往往可以得到更大力度的优惠。

2）线下活动的地点

活动地点的选择是线下活动的关键，也是线下活动能否成功的一个重要因素，所以如何选择一个合适的场所非常重要。活动地点的选择可以从以下 3 个方面来考虑，如表 3-5 所示。

表 3-5 选择活动地点的方法

方　　法	内　　容
留意身边的场地资源	运营者们自身要养成一个留意活动场地的习惯，对自己参加过的不错的场地都应该与场地方保持联系，及时了解场地的价格、容积率和出租时间等，建立自己的预备场地资源库
专业的场地资讯	可以通过一些本地的中介平台寻找场地，他们通常有着大量的场地资源，这样可以快速找到适合的场地
免费的场地	有的城市中会有一些免费的场地，但是这些场地往往需要提前申请，所以线下活动策划之初就要尽早提出申请

3）线下活动流程

线下活动通常会提前制作活动流程表，包括时间、地点、活动内容以及人员分配等，这是活动顺利进行的保证，越是大型的线下活动,活动流程越是重要。

具体的活动流程应根据活动内容而定，从开始到结束，具体且详细地将每一项工作分配到个人。如图 3-25 所示为某线下活动的流程安排图。

图 3-25　某线下活动流程图

通过图 3-25 可以看到，参与人员能够准确知道什么时间在什么地点做什么样的事情，从而对参与人员起到引导的作用。

总体来说，线下活动比线上活动考虑的问题要更细致一些，因为线下活动是让参与人员在真实的场景中接触，可以更真实地看到参与人员的反应，并从他们的反应评估活动的效果，也更能拉近与成员们之间的感情联系。

3.3.3　活动复盘查找问题所在

不管是线上活动，还是线下活动，一次活动结束后，运营人员都有必要对活动进行复盘，通过复盘找到此次活动中存在的问题，以便在下次的活动策划中加以改进和规避。

活动复盘需要从 5 个方面来进行，如图 3-26 所示。

| 目标复盘 | 复盘首先需要从整体上查看此次活动，查看此次活动策划之初需要达到的目的，然后对比活动的结果，确认目标是否实现。 |

对活动过程复盘，分析此次活动过程中存在的纰漏或者失误，并做好优化分析和策划。 ← 流程复盘

| 结果评估 | 对此次活动的相关数据结果进行统计，根据真实可靠的数据分析此次活动是否取得了真正意义上的成功。 |

对获取的数据结果进行分析，分析导致活动成功或失败的根本原因是什么，并做好数据总结。 ← 分析原因

| 总结经验 | 最后还要对此次活动进行总结，分享经验。这是复盘的最后一步，也是最重要的一步。 |

图 3-26　活动复盘的内容

另外，活动复盘还要注意时间性，在活动结束后要尽快对此次活动进行复盘。因为短时间内做活动复盘，对于活动中的一些细节性问题的印象比较清晰，复盘的可靠性也比较高，时间一长，很多细节就会比较模糊了。

持续性内容输出 保证社群价值

第4章

内容的持续性输出是一个社群能否稳定、持续性发展的关键,也是社群价值的一种体现,对社群尤其重要。另外,如果社群能够保证内容输出的质量,也必然会拉开与其他社群之间的差距,强化与成员之间的联系。

- ▶ 内容保持原创性
- ▶ 内容排版编辑有特色
- ▶ 数字式标题简单明了
  ……
- ▶ 提供实际有效的干货
- ▶ 利用主副标题快速点题
- ▶ 问答式标题,带着问题找答案

4.1 内容输出不能只顾输出,更应注重价值

内容输出是指在社群中分享一些有价值、有意义的内容,能让成员在社群内学到知识。很多社群之所以不能长久稳定地维持运营,实际上是它不能为社群成员带来价值,尽管它也在做内容输出,但是它却只顾及输出的"量",而没有关心"质"。这样停于表象的内容输出,时间一长自然会被成员放弃。

因此,我们做内容输出应该想办法让自己输出的内容有价值,只有如此才能使社群在众多的自媒体中脱颖而出。

4.1.1 内容保持原创性

如今商品和服务等同质化现象非常严重,在内容输出方面也是如此,很多时候面对一篇文章,我们只看开头就可以大概猜出其结果。不是因为我们有多厉害,而是文章的套路性太强,运用同一个模板,缺乏新意,这样的内容输出怎么能提升价值呢?

内容保持原创并不是需要我们的文笔有多么好,而是需要作者花费心思把一些有趣的、有价值的内容分享出去。这件事看起来很简单,但很多人却做不到。

原创性实际上并不难,也不是要求我们做一些特立独行的东西,只需要我们对生活多一些观察和关注,并将我们的感受、体会融入文章中。下面介绍一些方法和技巧。

(1)**保持大量阅读的习惯**。阅读可以丰富我们的见闻,拓宽我们的知识面,还可以保持大脑的清晰和灵敏。在实际的写作当中,大量的阅读积累能够促进创作和激发灵感。

(2)**结合时下热点**。在写作中结合时下的新闻热点可以快速吸引读者的注意力,另外对时下热点新闻发表一些自己的看法和意见,表明自己的态度也能体现出文章的原创性。

(3)**逆向思维和发散性思维**。除了常规思维方式,我们可以试试以逆向

思维和发散性思维的方式去思考同一个问题。思考的方式不同，得到的结果也不同，这样创作出来的文章更具原创性。

（4）用心体验生活。生活看起来日复一日，枯燥无比，但如果我们能够静下心来用心感受，就能发现它的不同，也许"一米阳光"中也能发现春天。然后再将这些感受分享至文章中，自然可以体现出文章的原创性。

（5）追求文章的创意性。在创作时可以刻意追求文章的创意性，规避一些本身就烂俗的或比较俗套的题材，这样可以在源头上保证文章的创意性。另外，生活中出现的一些天马行空的想法和灵感也可以将其记录下来，并放进我们的素材库中，以方便日后的文章创作。

4.1.2 提供实际有效的干货

文章在保持原创的基础上还要确保对成员有实际有效的作用，这才是有价值的内容输出，这就要求我们的文章内容必须提供满满的干货。

一次能够提供实际有效的干货内容的输出具备以下几个特点。

① 能对成员起到教育、引导、娱乐或告知等作用。

② 对目标成员来说有一定的关联性，输出的内容往往是他们感兴趣的，或者是他们实际生活中需要运用到的。

③ 成员们能够快速理解并容易产生共鸣的内容。

④ 文章具备一定的真情实感，能够让阅读者感受到作者的诚意。

但是如何才能做到"提供干货"呢？

这需要从内容规划的角度出发，找到社群成员真正感兴趣、关心的内容。内容规划需要考虑3个方面，具体如下所述。

1）社群营运的目标

充分地理解我们社群的营运目标是什么，然后再对其进行分解，将其划分成为一个个小的目标，我们输出的内容就需要围绕这些小的目标进行。如图4-1所示为目标内容规划流程。

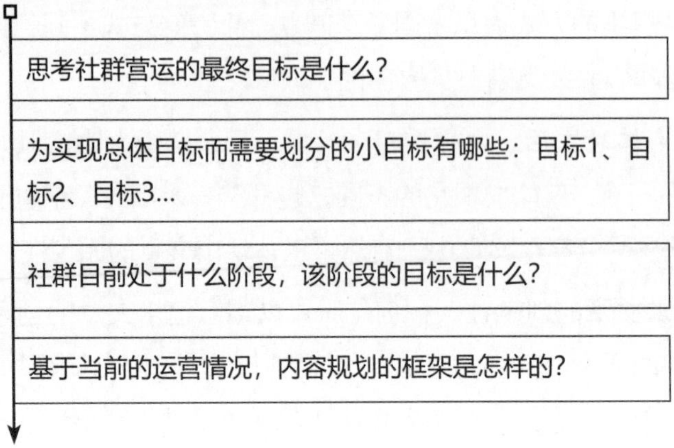

```
┌─────────────────────────────────────────┐
│ 思考社群营运的最终目标是什么?             │
└─────────────────────────────────────────┘
┌─────────────────────────────────────────┐
│ 为实现总体目标而需要划分的小目标有哪些:目标1、目 │
│ 标2、目标3…                             │
└─────────────────────────────────────────┘
┌─────────────────────────────────────────┐
│ 社群目前处于什么阶段,该阶段的目标是什么?    │
└─────────────────────────────────────────┘
┌─────────────────────────────────────────┐
│ 基于当前的运营情况,内容规划的框架是怎样的?  │
└─────────────────────────────────────────┘
```

图 4-1　目标内容规划流程

2）成员分析

不管输出什么样的内容,最终内容输出的受众都是我们的社群成员,所以想要内容输出更有价值,就不得不对成员做分析,考虑成员最想要看到什么样的内容。这看起来很难,没有清晰的思路,也没有具体的方法,但实际上可以将其总结为以下几个问题,问题的答案就是内容规划结果。

① 我们的成员有些什么特点,他们使用产品时通常处于什么样的场景,具有什么属性,需要具备什么样的技能,还需要在哪些方面有所提高?

② 思考什么样的内容更容易获得成员们的青睐?这些内容的特点是什么?

③ 站在成员的角度思考,分享什么样的内容更容易受到欢迎?

3）主题设置

在对目标和成员做了分析之后,对内容输出也有了大概的框架认识,此时还要根据大概的内容框架设置主题,在主题范围内做内容输出。另外还要对主题进行分解,具体分解到每周的主题和每天的主题。这样的内容连贯性、逻辑性更强,也更有价值。

4.1.3　内容排版编辑有特色

如果说内容输出是提供价值,那么内容的编辑排版就是在内容价值的基础

第4章 持续性内容输出保证社群价值

上为读者提供一项好的阅读服务,这是非常重要的。简单来说,文章的内容质量是我们需要保证的基础质量,而内容排版编辑则是添加服务,好的内容排版能够为文章内容增添色彩,还能提高读者的阅读兴趣。

总体来看,内容编辑排版主要具有4个方面的作用,具体如下所述。

① 可以起到吸引读者的作用,在文章内容、方向和话题等大致相同的情况下,内容编辑排版优秀的文章更能吸引读者的眼光。

② 有利于打造社群的整体风格。如果社群输出的文章在内容编辑排版上能够保持一贯的特点,就可以打造出自己的风格,与其他社群形成明显区分。

③ 可以减轻读者的阅读压力,尤其是面对内容篇幅较多的文章时,简单、干净的排版可以有效减压。

④ 能够提高阅读效率,整齐、简洁的排版可以帮助读者快速浏览文章。

一篇文章的排版内容由多个部分组成,下面我们来一一介绍。

1)文章的正文部分

正文是一篇文章的核心内容,也是读者停留时间最长、阅读感受最强的地方。正文部分的排版包括字体和行间距等。

(1)字体。

不同的字体能够给人带来不同的阅读感受,我们在选择文章字体时,一方面要考虑文章的内容;另一方面还要考虑社群的整体风格和我们的读者对象,这样才能选择到适合的字体。比较常用的字体如表4-1所示。

表4-1 常用的字体

名 称	特 点
宋体	宋体通常情况下为默认字体,因为字体本身比较大气、客观,包容度较为广泛,所以很多时候在不知道怎么具体选择字体样式时都会选择宋体,它也算是一种不容易出错的万能型字体
黑体	黑体有一种厚重的感觉,能够起到强调的作用,多用于标题当中
楷体	楷体字体方正、严谨,文章篇幅较大的情况下可以使用

续表

名 称	特 点
隶书	隶书刚柔并济，能够给人一种雅致的感受，还能营造古朴的阅读氛围
少女体	少女体是一种新兴的字体样式，字体有趣、可爱，充满少女感，阅读对象如果是少女可以考虑用该类字体

（2）字体颜色。

一般来说字体的颜色应使用纯黑字体，但不建议全文使用纯黑字体，因为这样看起来会比较臃肿，尤其是在篇幅较大、文字较多的情况下。此时可以使用灰色。

另外，根据文章的内容，有时候可为字体添加一些鲜艳的颜色，以起到强调的作用。但是需要注意，如果字体颜色过多又会给人一种杂乱无章的感觉，反而会影响阅读效果，一般使用两种颜色比较适合。

（3）行间距。

行间距是指行与行之间的距离，设置得过小会显得紧凑密集，设置得过大则又会显得空洞，如图4-2所示为各种行间距所获得的效果。

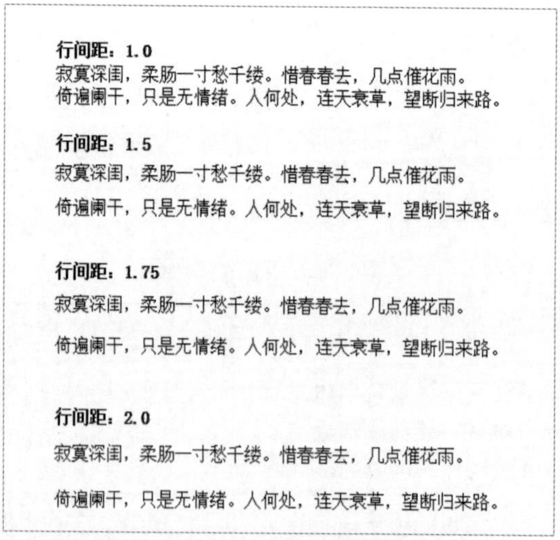

> 行间距：1.0
> 寂寞深闺，柔肠一寸愁千缕。惜春春去，几点催花雨。
> 倚遍阑干，只是无情绪。人何处，连天衰草，望断归来路。
>
> 行间距：1.5
> 寂寞深闺，柔肠一寸愁千缕。惜春春去，几点催花雨。
> 倚遍阑干，只是无情绪。人何处，连天衰草，望断归来路。
>
> 行间距：1.75
> 寂寞深闺，柔肠一寸愁千缕。惜春春去，几点催花雨。
> 倚遍阑干，只是无情绪。人何处，连天衰草，望断归来路。
>
> 行间距：2.0
> 寂寞深闺，柔肠一寸愁千缕。惜春春去，几点催花雨。
> 倚遍阑干，只是无情绪。人何处，连天衰草，望断归来路。

图4-2 不同大小的行间距效果

通过图 4-2 可以看到，行间距一般设置在 1.5~2.0 倍比较合适，这样文字不会过于密集。

（4）字号。

字号是指字的大小。字号过大，篇幅占据过大，不方便排版；字号过小会增加阅读难度。一般来说，文章的标题字号选择在 16~18px 比较合适，可以和正文形成有效区别，起到突出展示的作用。正文的字号选择在 14~16px 比较适合，一般是 14 号，这样的字体大小在手机上显示的效果更好。

2）段落设置

段落设置主要是分段设置与段间距设置。同样的文章内容，分段与不分段会给人带来截然不同的两种阅读感受。分段可以帮助阅读停顿，大篇幅的段落文字也不会给人增加压力，而不分段则不能。

段落与段落之间还要设置段间距，一般段间距可分为 4 种，如表 4-2 所示。

表 4-2 段间距类型

类型	内容
不空行	不空行会使段落前后两端的内容联系紧密，没有分段效果
空一行	这是段落分段的常用方式，也是普通段落的分段方法
空两行	空两行的分段多用于小标题下面的分隔
空三行	空三行多用于两小节内容之间的分隔

3）图文排版

文章配图是现在社群发文比较常见的一种方法，图文排版的方式可分为上下图文、左右图文和多图排版等，具体如下所述。

（1）上下图文式排版。

上下图文式排版是比较常见的一种排版方式，它是指将文章图片和文字按照内容进行上下排列，可以是上文下图，也可以是上图下文。这样的排列方式中规中矩，文章结构看起来整洁，排列有序，如图 4-3 所示。

图 4-3　上下图文式排列

（2）左右图文式排列。

左右图文排列是指将图片和文字以左右的方式进行排列，可以左文右图，也可以左图右文，还可以左右穿插的方式进行排列。不同的排列方式，搭配出来的效果也不同。如图4-4所示为左文右图排列和左图右文排列的对比效果图。

图 4-4　左文右图排列和左图右文排列对比

根据文章内容和风格的不同，左右排列很多时候会以竖排的方式显示文字，这样的排列方式可以比常规的文字横向排列更灵活。

如图4-5所示为左右图文穿插效果图。

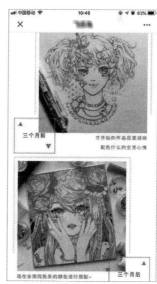

图4-5　左右图文穿插

（3）多图排版。

除了单图排列之外，在实际的文章排版中还会遇到多图排列的情况。多图排列也需要掌握一定的技巧，否则排列出来的图文效果容易杂乱无章。如图4-6所示为3图排列和多图矩形排列。

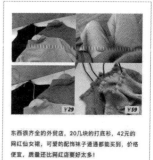

图4-6　3图排列和多图矩形排列

总体来说，采用图文排列方式时要以读者的阅读感受为主，在阅读感受良好的基础上做内容上的图文排列，这样出错的概率较低。

4.2 标题往往决定了要不要看内容

如今自媒体发展速度迅猛，为了实现推广宣传目标，商家和自媒体每天都会向自己的受众发布各类推广文章。每位用户每天都会受到几条甚至几十条信息的"轰炸"，如何才能让我们的文章在众多的信息中脱颖而出呢？

此时，标题就可以起到很好的吸引作用。面对众多的信息，用户通常很难全部看完，而决定是否阅读一篇文章的关键就在于文章标题是否具备足够的吸引力，所以我们要让自己的标题具备吸引力。

4.2.1 利用主副标题快速点题

主副式标题是目前社群发文最常用的标题方式之一，这样的标题一般多由两部分内容组成，即主标题和副标题。通常来说主标题字数相对较少，起到吸引人注意的作用；然后再添加副标题，副标题字数相对较多一些，起到解释说明的作用。

范例借鉴

我妈在，我才敢生娃：有一种爱叫姥姥带娃

三国中最烧脑的3次生死回答：答对了生，答错了死，不答生不如死

×××爆红背后的真相：牛人的反面，都有你熬不了的苦

21考生必看：全套考研学习资料泄露，手慢则无

解密：为什么肚子上的肉总是减不掉

通过上述范例可以看到，我们虽然没有阅读文章，但是可以通过主副式标

题大概知道文章的内容方向,这就是主副式标题的作用。主副式标题的结构实际上是对文章内容的高度提炼,以主标题来高度概括全文,点明全文的中心论点,这样可以帮助读者对文章内容的把握。而副标题则是在主标题的基础上所做的补充说明。

取主副式的标题并不难,首先把文章内容主旨提炼出来,做一个高度总结,并将其作为主标题,再在主标题的基础上作补充说明,使内容更充分,就形成了副标题。

范例借鉴

在乘坐航班登机过程中,乘客刘某将两枚硬币扔向飞机机身方向,导致该次航班取消,因此刘某被警方行政拘留10天,随后航空公司将刘某起诉到法院,要求其赔偿12万余元。

中国裁判文书网日前公布了该案的一审判决书,最终法院经过审理,判决刘某赔偿航空公司12万余元。

根据上面的文章内容我们知道,它说的是一位乘客向飞机机身投掷硬币导致航班取消,最后赔偿航空公司12万余元的事件。

主标题可以拟为:硬币的价值。

副标题可以拟为:12万元的硬币。

4.2.2 数字式标题简单明了

相较于文字而言,人们对数字有着天生的敏感性,将这种敏感性融入标题当中可以更好地起到吸引读者的作用。而且通常来说,这种带有数字的标题,其内容都具有实用性,更容易被阅读和收藏,所以也更容易受到读者的欢迎。

数字式的标题具有如下所述的3个优点。

① 数字式的标题能够增强文章的看点。例如"揭秘实用的写作技巧"和"揭秘实用的5个写作技巧",相比较而言,数字式的标题就会吸引读者思考:究竟是哪5个技巧呢?

② 数字可以吸引人眼球，相较于长句标题而言，简单的数字更能快速吸引读者的目光。

③ 数字可以形成冲击力，尤其是与现实情况有冲突的数字，更能吸引读者。例如"原来10元钱可以做这么多事"。

范例借鉴

标题1：水瓶座在2020年会发生的5件好事

它针对的是水瓶座的读者，在2020年到来之际，这样的标题会引发水瓶座读者的好奇，究竟自己2020年会发生哪5件好事？从而点击查看。

标题2：它是失眠"死对头"，经常练的人，5分钟快速入睡

如今失眠影响了许多人的正常生活，而标题中"5分钟"快速入睡强调了入睡的时间，这样的数字方式容易引发失眠人群的好奇，从而点击查阅。

标题3：李某发布女儿照片，评论区留下10000条脏话

近来网络暴力越发受到关注，该标题直接以"10000"的数据突出网络暴力的恶劣程度，引发读者深思的同时，也能引起读者的注意，从而点击查看。

标题4：16岁女生400万元整遍全身差点死亡："网红审美"怎么杀死一个年轻人

如今整容愈发平常，也愈发低龄化，文章标题用"16岁""400万"这样直接的数字提出了作者对整容低龄化的看法，在快速吸引读者注意的同时也引起了读者对这一现象的反思。

4.2.3 问答式标题，带着问题找答案

问答式标题可分为两类，即有问无答和自问自答两种方式。问答式标题在标题中提出疑问，吸引读者的好奇，不管是否在标题中对问题做出了回答，都足以将读者引入正文的阅读中。

有问无答的问答式标题，即在标题中提出疑问，然后让读者带着问题，抱着解决疑问的心态进入文章的阅读之中。

范例借鉴

标题1：女生一个人生活到底有多爽？

很多人对独居存在误解，认为它是孤单、寂寞、无聊等的代名词，但是从作者的标题中可以看到，女生独居也可以生活得很好，从而吸引读者的注意力。

标题2：身为地理学霸/学渣是怎样一种体验？

同样的地理知识在不同的人眼里会产生不同的化学反应，作者将视角对焦到学霸和学渣，查看他们眼里的地理是怎样的。以提问的方式吸引读者的关心。

标题3：杨坚为什么叫隋文帝，而不是隋太祖？

一般开国皇帝都叫太祖，例如明太祖、宋太祖、清太祖等，但是作为隋朝的开国皇帝杨坚却没有叫太祖，这是存在于很多人心里的疑问。标题直接将问题抛出，激发历史爱好者的阅读兴趣，从而吸引读者在正文中寻找答案。

有问有答的问答式标题，前面的标题提出问题，后面的回答说明文章内容，吸引读者。

范例借鉴

标题1：爆红MINI掌中小神器！到底长啥样？不插电只需一拉，食材全粉碎，好神奇！

文章标题先提问爆红MINI掌中小神器的形象，然后再做解答，指出神器具备的特点，起到引起读者注意的作用。

标题2：江西藏了千年的"紫人参"，你见过吗？女人吃了养颜

文章标题提问阅读者是否见过罕见的"紫人参"，引起读者的注意，随后指出紫人参具备的特点是能让女人美容养颜，这样的表述方式可以快速吸引女性的注意力。

标题3：看完一篇文章却什么都记不住？那你可以试试这个方法

看完一篇文章之后却不能记住文章内容是很多人阅读的常态，标题指出这一问题，然后回答读者可以试试"这个方法"改进。用实用的方法吸引读者点击阅读。

4.3 制作出有价值的内容

内容输出的最终落脚点还是在内容上，通过标题将读者吸引进来之后，还是要以高质量的文章内容吸引读者的注意力，这就要求我们制作的文章内容本身高质量、高价值。

4.3.1 关注热点话题，紧随潮流

如果文章内容紧跟热点话题，那么文章的本身就会为社群带来大量的读者流量，其次紧跟热点话题的文章内容，可以看出文章更新的及时性和捕捉热点的敏捷性。

但是热点话题也有不同的区别，我们需要结合社群和产品的特点对热点进行筛选。首先我们要了解热点话题的类型，具体如表4-3所示。

表4-3 热点话题的类型

类 型	内 容
短期话题	短期话题是指具有强时效性的短期话题，周期较短。这样的话题通常会在某一个时间段内得到比较高的关注度，但是过了这个时间段关注度很快就会降下来
中期话题	中期话题是相较于短期话题而言的，它的时间周期相对较长，因为话题的背后常常伴有持续性的内容输出，但是一旦停止内容输出，热度很快也会降下来，比较常见的是热播的电视剧

第 4 章　持续性内容输出保证社群价值

续表

类　型	内　容
长期话题	这类话题通常会形成一定的规律，它是长期性的话题，每到一个固定的时间段就会出现，例如"跨年""双11""国庆出游"等
制造热点	除了在文章中添加时下的热点之外，还可以制造热点。对自媒体人而言，制造热点并非难事，只要内容有趣、有新闻性、传播量大就很容易实现

那么应该去哪里寻找这些热门话题呢？实际上很多平台都提供了热点话题功能，我们加以利用就可以快速找到想要的话题了，例如微博热搜榜、百度风云榜等。下面以百度风云榜为例做介绍。

范例借鉴

首先进入百度搜索风云榜（http://top.baidu.com/），如图4-7所示。在这里可以看到许多热点话题，页面左侧为实时热点排行榜，中间为今日上榜的新热点，右侧还可以根据类别选择热点。

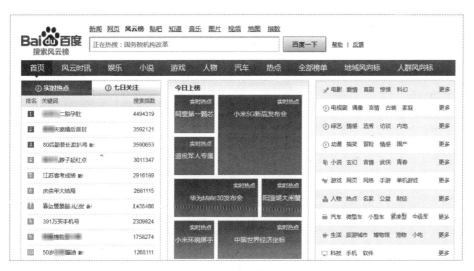

图4-7　进入百度搜索风云榜

在页面的下方按照热点类型的分类列出了排行榜，可以帮助读者快速查找到想要查看的热点话题，如图4-8所示。

图 4-8　分类热点话题榜

百度搜索风云榜中还有两个比较有特色的热点查询功能，即"地域风向标"和"人群风向标"。通过地域风向标可以看到各个地区关注的热点是什么，还可以在页面中对各省份的热点进行对比，如图 4-9 所示。

图 4-9　省市热点对比

人群风向标按照男性关注榜和女性关注榜做了分类，可以帮助运营者快速了解男性和女性分别关注的重点是什么。另外，还按照用户的年龄划分了不同的榜单，可以看到不同年龄阶段的人关注的重点是什么。如图 4-10 和图 4-11 所示。

第 4 章 持续性内容输出保证社群价值

图 4-10 男性与女性热点话题榜

图 4-11 不同年龄热点话题榜

4.3.2 积累优质素材，做好筛选

优质的内容从来都不是信手拈来的，往往背后都需要大量的素材积累。我们平常就需要养成素材积累的习惯，将好的素材收集起来存储在自己的资料库中，在文章创作时再在素材库中做筛选即可。

素材积累看起来可能很简单，以为只要将生活中遇到的有开发价值、有趣的内容收集起来就可以了。实则不然，这样盲目地收集往往徒劳无功，素材积累也需要按照一定的规律做到有计划地定期积累，具体如下所述。

1）标题素材收集

我们知道一篇好的文章离不开一个优秀的文章标题，因此可以有意识地收集一些优秀的标题放在素材库中。实际写标题时可以根据素材标题做简单的修改整合，创作出新的标题。标题素材可利用第三方数据网站来收集，下面以易撰为例进行介绍。

范例借鉴

进入易撰首页（https://www.yizhuan5.com/），单击"数据分析"超链接，如图4-12所示。

图4-12　单击"数据分析"超链接

进入自媒体库页面，可以看到许多热门文章的标题，此时可以在筛选条件中按照自己的需要设置，这里选择"全部"来源，"文化"领域，"阅读量"排序，"文章"类型并以之为例，如图4-13所示。

第4章 持续性内容输出保证社群价值

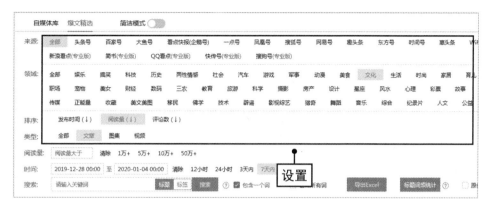

图 4-13　设置筛选条件

页面下方显示文化类的爆款文章类别，且文章按照阅读量的多少进行排列，如图 4-14 所示。

标题	来源	作者	领域	类型	时间	阅读
时政纪录片 | 湛江情 中国心	搜狐号	央视网	文化		2019-12-28 21:32:13	17124995
【年终报道】我们的新时代:字述2019| 魂	搜狐号	新华社	文化		2019-12-28 00:09:43	9911417
我们的新时代:字述2019 | 根	搜狐号	新华社	文化		2019-12-29 20:52:18	6739704
小英雄成长记：哥哥因救我牺牲后，我挑起重担、守卫家族	搜狐号	搜狐文化	文化		2019-12-30 20:13:38	2903864
腊八节源自纪念岳飞？喝腊八粥还有这些讲究	搜狐号	中国新闻网	文化		2020-01-02 00:12:57	2448562
中国第一个公开"艾滋病"的女大学生，目睹被黑人男友传染，…	搜狐号	幺猫儿姐	文化		2019-12-29 09:16:15	2342644
一周文化圈 | 新片上映4天仅一亿票房，冯小刚发文"英雄老矣"	搜狐号	搜狐文化	文化		2019-12-28 21:12:37	2263582
此人为23岁女儿画人体画，这是道德问题，还是为艺术献身？	百家号	一度历史观V	文化		2019-12-28 15:52:08	2227722
ADAS时间简"驶"|十问何为ADAS？是过渡亦是"未来"	搜狐号	黑•客	文化		2019-12-30 08:03:21	2022049
用驴拉罐还原京剧凤冠，仿制古装剧发饰获560万播放量，成姝妹纸…	搜狐号	红星新闻	文化		2020-01-01 11:50:52	1704165
湖南老人模仿《咏鹅》写《咏鸡》斩获文学奖，网友们纷纷脑洞…	百家号	凌天下史	文化		2019-12-31 22:31:56	1623487
石晓军：讲谈社《兴亡的世界史》是怎样的一套书？|搜狐文化	搜狐号	搜狐文化	文化		2020-01-02 10:38:00	1401550
美俄英法全部赞成通过，五常只差最后一国！中国：你们玩，我弃权	大鱼号	赵文权说文化	文化		2019-12-31 19:34:52	1378958

图 4-14　显示搜索结果

我们可以将其中有意思的标题收集起来放进素材库中备用。另外，还可以查看这些爆文标题中存在的一些高频词汇，也将其加以整理，以便日后为我们的标题取名。

在页面中单击"标题词频统计"按钮，页面会出现高频词汇统计表，如图 4-15 所示。

95

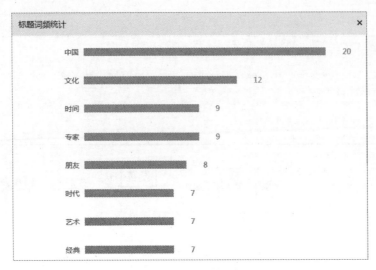

图 4-15　标题高频词汇

2）正文素材收集

正文的素材也可以提前收集，当然新闻类和热点类这种具有时效性的素材除外。我们的正文素材收集主要包括图片、音频、视频和文章。正文素材的收集没有具体的方法，比较随意，在生活中看到的、观察到的和听到的，整理起来都可以作为正文的素材。最为重要的是，我们要养成正文素材收集的习惯。

素材收集起来之后，还要做好归纳整理，以便在实际写作应用时能及时运用。我们可以借助有道笔记对素材进行管理，它的优势在于分类细致、方便查找。

范例借鉴

下载并安装有道笔记，打开软件登录账号（可以微信、QQ、手机号等多种方式登录）。

首先需要在笔记内根据实际需要建立多个文件夹。点击"文件夹"按钮，再单击右上方 按钮，在弹出的下拉菜单中选择"新建文件夹"命令。在新建文件夹对话框的文本框中输入文件夹名称，这里输入"人物故事"，然后点击"确认"按钮，如图 4-16 所示。

第 4 章 持续性内容输出保证社群价值

图 4-16 新建文件夹

页面自动跳转回文件夹界面，此时可以看到添加后的新文件夹，如 4-17 左图所示。文件夹创建完成后，就可以开始收集正文素材了。有道笔记软件支持各种方式的素材收集，例如新建笔记、文档扫描、语音速记和 Markdown 等，如 4-17 右图所示，极大程度上降低了素材收集的难度。

图 4-17 收集素材

4.3.3 保持持续性的高质量输出

偶尔一篇高阅读量的文章并不能吸引粉丝、获得高流量，只有保持持续性的高质量输出才是吸引粉丝和留住粉丝的关键。但这并不是一件容易的事情，很多人在写作过程中都可能会遇到下列问题。

① 文章花费了大量的时间，但是阅读量较低，且评论较差。

② 文章同质化严重，缺乏新意，没有特点。

③ 找不到灵感，觉得没有内容可写。

实际上，这些都是写作中比较常见的一些现象。想要改善这一现状，要从自身入手。想要高质量的输出，自己就要确保高质量的输入，毕竟"肚子里有货"才能做到有效输出。所以作者自身需要努力学习，学习主要应从如表4-4所示的3个方面入手。

表4-4 学习内容

技　能	内　容
专业性技能学习	社群中的成员大都是被社群的专业性吸引而来的，都渴望通过社群获得一些专业性的技巧和能力。所以社群运营者要维持社群的稳定输出，就要确保能够为成员们稳定性地提供他们需要的专业技能，这就要求运营者自身的专业能力要不断地优化、丰富
写作技巧学习	写作技巧可以在一定程度上提高输出内容的质量，还能有效提升文章的阅读感受。当然一篇逻辑不通、漏洞百出的文章会直接"劝退"想要阅读的读者
读者心理学习	读者的心理研究可以作为学习的方向，在了解了读者的心理并掌握读者阅读习惯之后，才能创作出令读者满意的文章内容

除了自身的学习之外，还要在内容编辑上遵循一定的方法、步骤。内容编辑可以分为4个步骤，具体如下所述。

1）确定选题

一个好的选题是编辑一篇文章的前提，也是决定一篇文章能否真正吸引粉丝的关键。确定选题的方法有很多，可以从一些与某种行业相关公众号、综合资讯以及学习资源库中寻找，还可以通过一些信息服务网站寻找，常见网站如下所述。

（1）梅花网。

梅花网是梅花信息在2007年创建的营销领域专业性网站，它为市场营销人员提供了免费和收费的各类行业资讯、营销情报、资源情况、线上社区和线下活动等内容。社群营销人员可以充分利用该网站中的各类信息资源，如图 4-18 所示为梅花网首页（https://www.meihua.info/）。

图 4-18　梅花网首页

（2）数英网。

数英网创建于 2007 年，平台上聚集了营销、新媒体、电商、互联网及无线互联网等各数字领域的人才，涵盖了创意、设计、文案、营销、技术和互联网等多方面的内容，能够为营销人员补充行业知识、寻找灵感。如图 4-19 所示为数英网首页（https://www.digitaling.com/）。

图 4-19　数英网首页

（3）新榜网。

新榜网是一个内容产业服务平台，它以榜单为切入口，以日、周、月、年为周期，向用户提供有价值的运营榜单，涵盖各行各业的热文、爆文、热搜词以及自媒体排行等。如图 4-20 所示为新榜网首页（https://www.newrank.cn/）。

图 4-20　新榜网首页

2）提炼标题

选题确定下来之后，就需要为文章确定标题，以便确定此篇文章的大概方向和内容。我们在提炼标题时应该拟定多个标题作为备用，以便从中选择出最适合的、最能吸引人注意力的标题。提炼标题时有以下 3 点内容需要注意。

（1）标题的范围适中：标题是一篇文章的核心，范围不宜过大，要注意适中，把握好尺度，选择自己力所能及的题目。实际上，题目广泛与否并不能真正吸引读者，真正的关键实际在于是否能够深入其中，抓住重点，为读者提供独特的见解。

（2）标题能够准确反映文章内容：标题是对一篇文章的高度概括，所以一个好的标题应该是读者通过阅读题目就能够对文章的主题思想、主要观点和内容有一个大概的了解，切忌文不对题。

(3)标题用词准确:标题用词可以适当夸大,但是要注意"准确"这一要求,不能为了吸引读者而过于夸张,从而成为"标题党"。

3)内容大纲

内容大纲是一篇文章的主要结构,需要按照一定的逻辑顺序关系将文章的内容进行提炼、优化。一般来说,一篇文章,尤其是社群营销中的短篇文章,其中包含的内容点 2~3 个为最佳,如果内容过多、主题过散,会降低读者阅读的兴趣,增加读者的阅读难度。

4)文章内容编辑

确定文章的大体结构之后,就可以正式进行文章的内容编辑了。经过前期精心的选题策划和内容提炼之后,这一步就非常简单顺畅了,文章的内容方向也非常明确了。

需要注意的是,在内容编辑上切忌复制粘贴。直接复制粘贴虽然会降低文章编辑的难度,但是也会降低文章质量,大大降低读者对文章的阅读兴趣,并违法。

4.3.4 提升自我,高质量学习网站推荐

通过前文我们知道,高质量的文章离不开文案编辑者自身的学习与进步,以便努力提升自我。但是很多人疲于生活和工作,很难有集中的时间来学习,例如通过培训班或学校学习,这样的学习可操作性较低。因此,我们可以借助一些高质量的学习网站,利用生活中的碎片化时间来高效学习。

下面推荐一些适合学习文案编辑的高质量学习网站。

1)办公软件学习平台——Word 联盟

职场办公离不开 Word、Excel 和 PPT 等办公软件,而 Word 联盟正是针对职场人士打造的专业的办公软件学习平台。平台内不仅有视频教程,还提供了许多高质量的文章,非常适合职场人士浏览和阅读。如图 4-21 所示为 Word 联盟首页(http://www.wordlm.com/)。

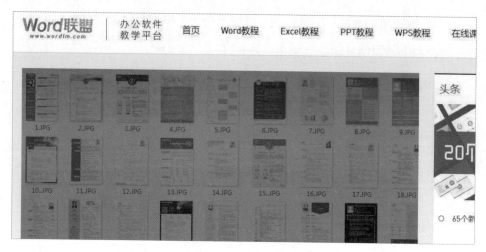

图 4-21　Word 联盟

2）新型学习交流平台——哔哩哔哩

哔哩哔哩简称 B 站，是国内领先的年轻人文化社区。很多人对 B 站存在误解，认为它是一个二次元网站，实际不是。平台上包含了动画、番剧、国创、音乐、舞蹈、游戏、科技、生活、娱乐、鬼畜和时尚等类别的内容，想要学习日语、舞蹈、乐器、编程、PS 和 PPT 等的年轻人都可以在 B 站找到专业的高质量的课程。如图 4-22 所示为 B 站首页（https://www.bilibili.com/）。

图 4-22　哔哩哔哩

第 4 章 持续性内容输出保证社群价值

3）国家精品课程在线学习平台——中国大学 MOOC

中国大学 MOOC 是一个国内优质的中文慕课学习平台，网站内收录了上千门课程，同时有国内各大高校入驻，如北京大学、浙江大学和中国科技大学等"双一流"学校。

尤其需要注意的是，网站可以提供被广泛认可的专业证书，只要认真听课，完成相关作业，就能得到由学校发出、主讲老师签署的合格或优秀证书。

另外，网站内除了大学课程类的学习外，还有职场、生活等领域的课程。如图 4-23 所示为中国大学 MOOC 首页（https://www.icourse163.org/）。

图 4-23 中国大学 MOOC

4）学习来自全球的知识——译学馆

译学馆是一个专注于译制知识视频的平台，平台主旨为知识无边界，平台内提供了来自全球的知识。

平台上除了有 TED 课程之外，还有国外的优秀视频。同时平台上所有的视频都由专门的人士翻译，非常适合想要学习英语的人浏览。如图 4-24 所示为译学馆首页（https://www.yxgapp.com/）。

图 4-24　译学馆

4.4 明确社群内容的主体风格

从社群长期性运营的角度来看,想要与其他自媒体人形成明显的区分,就必须在内容上打造出自己独特的风格,形成自己的标志,这样才能在内容同质化现象中脱颖而出。

4.4.1 内容上使用同一元素

很多人将"风格"视为设计大师的专用,而非一般人能运用的。实则不然,世界知名建筑大师贝聿铭说"重复产生统一,统一形成风格"。运用到内容输出上也是如此,我们在文章中重复使用同一元素,形成统一,最后就会形成我们特有的风格。相对来说,如果元素使用过多、过杂,在让人眼花缭乱的同时,也难以形成风格。下面以具体的实例来看看。

范例借鉴

国风、古风是以中国传统文化为基调,结合古代文学、诗词歌赋以及琴棋书画等,形成的一种鲜明的艺术风格,如今我们在很多地方都能看到古风元素。

第 4 章 持续性内容输出保证社群价值

如果将古风元素融入我们的内容运营中,长期重复性的使用就能形成一种具有古风特色的内容输出。

××××是一个做原创内容的公众号,该公众号将古风与内容输出充分融合,从而形成自己的风格。如图4-25所示为某公众号输出的内容列表,从图4-25中可以看到,该公众号推送的每一篇文章都搭配了具有古风特色的原创图,图片在内容和色调上都运用了古风元素,从而形成了自己独特的风格。

图 4-25 内容列表展示

阅读文章便会发现该公众号在内容编辑上也融入了古风元素,如图4-26所示。

图 4-26 内容展示

从图4-26可以看到，该公众号的文章内容不管是文字表达，还是插画添加，都以古风为基调，然后在此基础上进行创作，与公众号的整体风格形成统一，最终形成公众号自己独特的风格，非常另类、突出。

通过实例可以看到，我们在内容输出中坚持使用同一元素，便能形成自己的风格，让自己在同类文章中形成特色。但是需要注意，元素的使用必须持之以恒，不能半途而废，否则难以成形。

4.4.2 固定封面图的风格

内容上使用同一元素可以快速形成自己的风格，但是这种方式适合本身风格比较突出且特别的社群，对于一些缺乏明显特色的社群，使用同一元素难以实现此目标。此时，社群的内容风格可以从其他方面入手实现，例如固定封面图风格。

文章阅读的第一眼是封面，文章的封面通常由"封面图+文章标题"构成，看起来风格是否固定好像无所谓，实则不然。固定的封面风格会让读者对该内容形成固定思维，从而与其他内容形成区分。

以微信订阅号来说，每一位用户每天都会收到许多文章，并在众多的文章中快速选择自己感兴趣的文章进行阅读，此时封面图就起到了关键性作用。固定封面图的风格可以从两个方面入手：一个是封面图风格选择，另一个是封面图文排版。

1）封面图风格选择

封面图的风格类型有很多，最重要的是运营者需要从多种类型中选择出能与自己的社群风格统一的、与文章内容搭配的封面图。封面图的类型有很多，常见的如下所述。

（1）纯文字型封面图。

纯文字型的封面图主要由文字和背景色组成，封面的设计比较简单，主要依靠文字的排版来体现风格，例如文字的粗细、字号的大小、字体的选择以及文字的颜色等。因为封面比较简洁，所以文字内容比较突出，能够让读者一眼了解到文章的主要内容，如图4-27所示。

图4-27　纯文字型封面图

（2）人物型封面图。

人物型封面图是指直接用真实人物作为封面的图片，这样的封面相比文字型封面来说更真实。

人物型封面图可分为明星人物图、历史人物图以及普通民众图等。明星人物图的使用是因为明星本身具备了大量的人气，所以加入明星图片可以起到快速吸引相应受众的作用；历史人物图多用于与历史相关的文章中，使文章与图片更加贴切，注意不可滥用；普通民众图更贴近生活，可以拉近与读者的距离，使文章和社群充满烟火气。但是具体的选择还是要根据文章内容来确定，如图4-28所示。

图4-28　人物型封面图

（3）实物型封面图。

实物型封面图是指以生活中具体的实物拍摄而成的封面图，例如杯子、花瓶和食物等。这类封面图运用范围比较广泛，适用于各种类型的文章，也适用于各个年龄阶段的阅读人群，可以避免触及雷区，是一种比较安全的封面类型选择，如图4-29所示为实物型封面图。

图4-29　实物型封面图

（4）原创型封面图。

原创型封面图是指利用自己原创的图作为封面，这样的封面图风格、特色非常突出，能够在众多的文章中快速吸引读者的眼球。但是这样的封面图对文章创作者本身有一定的要求，需要具备一定的绘画功力。如图4-30所示为原创型封面图。

图4-30　原创型封面图

2）封面的图文排版

虽然封面图看起来篇幅占比较小，但是其中潜藏着的内容却不少。以封面图的排版来说，封面图文有两种排版方式，包括单图文封面和多图文封面，具体如下所述。

（1）单图文排版。

单图文排版即封面中只有一张图的封面图，这样的封面排版能将读者的目光聚焦至图片，所以在图片的选择上要非常慎重。单图文排版方式比较常见，能够突出推送文章的重点，起到强调和重点展示的作用。如图4-31所示为单图文排版。

图4-31　单图文排版

（2）多图文排版。

多图文排版是指封面排列了多张图片的封面图文排版方式，这样的方式能让图文内容看起来更丰富。多图文排版根据图文排列方式的不同又可分为左文右图排列和上图下文排列等，如图4-32所示。

图4-32　多图文排版

需要引起注意的是，在微信订阅号推送的内容中，多图文排版方式通常是因为展示的内容较多而做出的选择。在内容较多的情况下，多图文排版的展示方式能够最大限度地向粉丝推送更多的文章内容。但是，如果推送的文章过多，就会在粉丝端出现重复展示的情况，如图4-33所示。

所以即便是选择多图文排版,为了保证展示效果,还是要控制好图文推送的数量,一般在2～3条内不容易被重复。

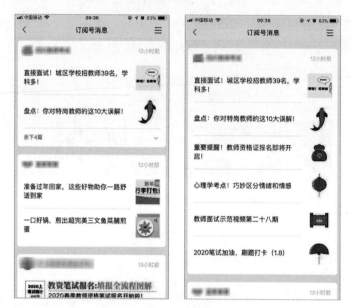

图4-33　被重复展示的多图文排列

综上所述,想要在内容上形成自己的风格,除了从文章内容上下手外,封面图也是一个不错的切入点,好好运用也能够体现出自己的风格特点。

4.4.3　文章配图要统一艺术风格

研究发现,有配图的文字其阅读量高于纯文字的文章阅读量,人们记住图片的效率是记住文字的6倍。由此可以看出配图在一篇文章输出中的重要性。具体来看,配图在文章中主要作用如下所述。

1)调动读者的情绪

配图可以很好地调动读者的情绪,从而传递出作者想要表达的情感和想法,这种效果虽然文字也可以获得,但是纯文字的表达需要读者自行想象,这样传达出来的效果可能会有所欠缺。

第 4 章　持续性内容输出保证社群价值

调动的情绪包括感动、快乐、愤怒、悲伤和抑郁等，这些都可以通过配图快速且精准地传递出来，如图 4-34 所示。

图 4-34　调动读者情绪

2）简单直白地表达内容

配图有时候可以简单直白地表达出文字难以表达的内容，这种配图一般是教程类的文章配图，如图 4-35 所示。

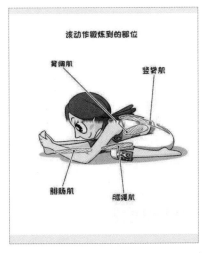

图 4-35　配图直接表达内容

3）优化排版，降低读者的阅读压力

添加配图之后的文章与纯文字的文章相比，阅读起来更便捷，能够有效降低读者的阅读压力，对读者起到缓解阅读疲劳的作用。

4）体现文章风格

文章的配图如果运用得当，能够有效地体现出文章的风格，高质量的图片可以提升文章的质感，幽默搞笑的配图也会使文章的风格向灵动风趣的方向发展，如图4-36所示。

图4-36 体现不同的文章风格

在实际的文章配图中，想要形成自己独特的艺术风格就要在配图上形成统一，这样的图片才能在文章中体现出意义。如果文章中使用大量图片，有表情包、漫画，也有风景、实物，还有人物，元素过多会显得过于杂乱，最终无法形成自己的特色。

配图形成自己的风格，简单而言，就是文章配图要统一艺术风格。如果使用原创漫画，那么文章的所有配图都应使用原创类漫画，这样读者看到该类文章时就会首先想起该社群，也就达到了最终形成自我风格的目的。

玩转社群要掌握的基本技巧

第5章

社群进入正常的运营之后,运营人员还要掌握一定的社群运营技巧,才能更好地维护社群的稳定。这些技巧包括社群中一些常见问题的处理和工具的利用。

▶ 社群沉闷的原因分析　　▶ 核心成员的开发与培养
▶ 个性表情包活跃群内气氛　▶ 根据成员属性分层运营
▶ 在线图片设计工具——创客贴　▶ 社群管理工具——微友助手
……

5.1 维持社群内的高活跃度

在社群运营中维持社群内成员的高活跃度是社群运营者最重要的任务之一，我们在将粉丝从各个地方吸引至社群之后，还要提高社群内成员的活跃度，否则有些成员会逐渐变成"僵尸粉"。

僵尸粉对社群的发展毫无意义，只有活跃的成员才能够为社群的运营产生价值，包括在社群中消费，最终为社群带来效益。

5.1.1 社群沉闷的原因分析

想要提高并维持社群内成员的活跃度，首先需要了解社群内气氛沉闷的原因，这样才能做到"对症下药"。

社群内气氛沉闷的原因可以从简要的社群运营过程来具体分析，如图5-1所示。

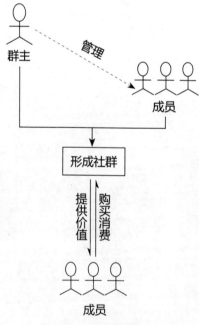

图5-1 社群运营过程

从整个社群运营过程来看，社群内气氛沉闷的原因可能包括3个方面，具体如下所述。

（1）**社群成员性格内向**：社群成员是社群的重要组成部分，但是如果社群成员大部分性格内敛，不爱说话，那么必然会使社群气氛变得沉闷。

（2）**社群管理过于严格**：社群管理是指群主对社群成员的管理，如果群主对成员管理过于严格，过度讲究群内秩序，时间一长，成员们就会选择沉默不语，或者退出社群。相对地，如果群主对成员不管理，或者管理过于宽松，没有一点秩序，部分成员觉得受到骚扰，也会沉默不语甚至退群。

（3）**社群价值提供不到位**：成员们之所以入群是因为社群能够为他们提供价值，一旦社群无法为他们提供相应的价值，无法满足他们的诉求，他们就会沉默或退群。

所以在社群运营后期，群内活跃度的提高与维持策略就要从这3个方面来思考和制定。

5.1.2 核心成员的开发与培养

一个社群中的成员属性和占比情况通常会呈现出三角形特征，如图5-2所示。

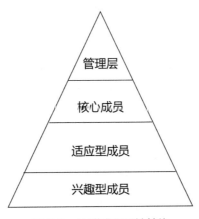

图5-2 社群成员属性结构

从图中可以看到，社群成员根据其属性表现出三角形的特征并可分为 4 个层次。

1）第一层，兴趣型成员

兴趣型成员是指对社群感兴趣，但对社群没有过多关注的成员。他们在社群中的表现大多为潜水观望，并不会在社群中发言表达自己的看法和观点。

2）第二层，适应型成员

适应型成员是指对社群非常感兴趣，但还在观望犹豫的成员。他们属于跟风型成员，当社群中出现他们感兴趣的话题时，他们会参与话题讨论，但不会主动创造话题。

3）第三层，核心型成员

核心型成员是指认同社群价值，并且有自己的想法，还愿意分享和交流的成员。核心型成员属于社群中的重大价值成员，他们在社群中表现活跃，不仅会参与社群话题讨论，还会制造话题，创造价值。

4）第四层，管理层

管理层属于社群运营人员，也是社群管理人员。

从社群成员属性来看，核心成员无疑是最高质量的成员，也是运营者最想要获得的成员。因此，作为运营者要想办法挖掘核心成员，并通过核心成员带动其他社群成员，从而提高社群的活跃度。

核心成员的思想通常与社群认知保持高度一致，且都是积极地致力于发展群、维护群和团结群的成员，有了这样一群核心成员，社群才不会缺乏话题和互动。

挖掘核心成员可以从成员在社群中的聊天情况来具体判断，下面以 QQ 群为例做介绍。

范例借鉴

在计算机端登录自己的 QQ 账号，在主面板单击"联系人"导航按钮，再单击"群聊"下拉按钮，展开"我的群聊"，选择一个需要查看的 QQ 群，双

第 5 章 玩转社群要掌握的基本技巧

击 QQ 群名称，进入群聊界面，如图 5-3 所示。

图 5-3 选择 QQ 群

在页面中单击"设置"导航按钮，如图 5-4 所示。

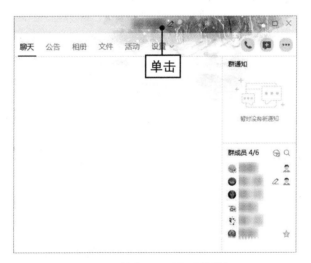

图 5-4 单击"设置"导航按钮

进入 QQ 群设置页面，在页面中单击"成员"导航按钮，可以查看成员详细信息。其中可以重点查看成员等级和积分，这是成员活跃度的具体表现，如图 5-5 所示。一般查看成员出勤率时应查看等级积分和最后发言日期。还可以对成员按照等级积分进行排名，从而找出那些积分最高的成员。

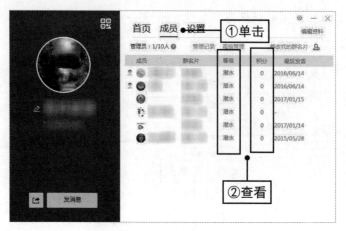

图 5-5　查看成员等级和积分

小贴士

成员活跃等级是根据一个 QQ 用户在一个群里的活跃程度确定的等级。用户在群中越活跃，等级会越高。活跃程度用等级积分来衡量，积分越高则等级越高。

找到社群中的核心成员之后，还要懂得维系核心成员，让核心成员与社群建立紧密联系，从而让核心成员带动其他社群成员。

核心成员的维系主要应从两个方面入手：①情感联系；②利益驱动。

任何时候情感联系都是维护关系的第一考虑要素，核心成员对社群有着高度认同感，社群只需要肯定成员的付出，与其建立良好的情感联系，就能提升核心成员与社群之间的黏合度。

除此之外，利益驱动也是一种维系核心成员的有效方式，可以通过合伙、入股等方式，将核心成员发展成社群主人，培养其主人翁意识。这样一来，核心成员自然不会流失。

5.1.3　个性表情包活跃群内气氛

如今表情包已经渐渐成为聊天中不可或缺的一项重要元素。表情包能够有效地拉近聊天人员之间的距离，甚至当聊天陷入尴尬时，发送一张表情包，能够巧妙化解尴尬。这在社群交流中非常适用，能够快速活跃社群气氛。

表情包在聊天中的作用重大，主要包括以下 5 点。

① 表情包能够更深层次地表达出我们内心的想法，比单一的文字交流更清楚、更形象。

② 表情包能为聊天增添乐趣，从而增进聊天人员之间的情感。

③ 表情包可以缓解压力，一些难以直接表达的话可以通过表情包以一种诙谐幽默的方式进行传递。

④ 表情包能够增强聊天的互动性，因为表情包以搞笑、诙谐、恶搞居多，人们在获得趣味性的同时，也提高了互动聊天的积极性。

⑤ 表情包能够引发联想，延伸出文字不能表达的意思。

根据素材的不同表情包可以分为字符、图标和图片 3 类。按照表情包的形态表情包可以分为动态表情包和静态表情包。根据素材和设计制作方法的不同，表情包可以分为以下 6 类。

1）纯文字型表情包

纯文字型表情包是指通过纯文字截图组成的表情包，这类表情包样式比较单一，制作的重点在于文字的设计，包括字体选择、文字排版以及文字内容的选择，从而形成不同的风格。如图 5-6 所示为纯文字型表情包。

图 5-6　纯文字型表情包

2）原创型表情包

原创型表情包通常是指绘画爱好者以及漫画爱好者原创制作出的一些动画形象所形成的表情包。这类表情包专业性较强，且通常成套制作，可以适用于多种场景，因而更具观赏性和艺术性。如图 5-7 所示为原创型表情包。

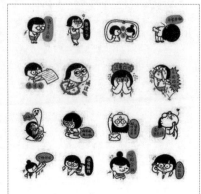

图 5-7　原创型表情包

3）暴走型表情包

"暴走"一词属于网络流行词，它是年轻人释放自我、表达强烈情绪和感情的代名词。暴走型表情包具有画面饱满、形象简单、表情夸张的特点，能够给人强烈的幽默感和视觉冲击感。如图 5-8 所示为暴走型表情包。

图 5-8　暴走型表情包

4）影视剧截图表情包

影视剧截图表情包是指从大热的影视剧或特色影视剧中截取经典人物的台词截图，或截取标志性的场景，然后加工而成的表情包。这类表情包因为影视剧本身的原因自带了许多热度，所以很受欢迎。如图 5-9 所示为一些影视剧截图表情包。

图 5-9　影视剧截图表情包

5）配文型表情包

配文型表情包是指在一些趣图或美图上添加一些趣味性强的、符合时下场景的文字，从而形成的表情包。这类表情包的制作要求作者对图片内容具有高敏感性，能够准确获取图中的关键信息，并将其精准地表达出来。如图 5-10 所示为配文型表情包。

图 5-10　配文型表情包

6）真人型表情包

真人型表情包是指捕捉一些真人表情、反应和动作等加工制作而成的表情包，这类表情包真实性较强，能够快速吸引人关注。这类表情包的制作需要捕捉一些特殊的、有趣的、另类的真人反应，这样效果更佳。

真人型表情包可以在日常生活中通过身边人的反应制作，也可以截图综艺节目作为素材制作。如图 5-11 所示为真人型表情包。

图 5-11　真人型表情包

5.1.4 根据成员属性分层运营

在社群运营初期不会涉及成员分层，因为此时社群中的成员数量较少，该阶段的目的是想办法从各个地方吸引粉丝入群。到后期，粉丝数量达到一定规模之后，就要根据社群成员属性将成员分层，进行精细化管理，这样才能做出有针对性的运营决策，从而提高社群成员的活跃度。

成员分层运营，简单来说，就是将原本处于一个社群中的成员按照成员的特点、价值和类型进行分类，然后将社群拆分成多个小群。做了成员分层之后，运营者就能够清楚地知道哪些成员是社群的忠实客户，哪些成员是活跃用户，哪些成员属于潜在客户，然后再有针对性地开展一些活动，通过营销刺激成员，这样社群的活跃度才会更高。

实际上成员分层可以将其视为客户价值分析，利用一些具体的数据来分析客户的价值，例如重要客户、价值客户和一般客户等。那么应该如何科学地进行客户价值分析呢？

说到客户分层分析，就不得不提经典的 RFM 模型了，RFM 模型是衡量客户价值和客户创利能力的经典工具，依托于客户最近一次购买时间、消费频次以及消费金额。在应用 RFM 模型时，要有客户最基础的交易数据，至少包含客户 ID、交易金额和交易时间 3 个字段。

如图5-12所示为RFM客户模型。

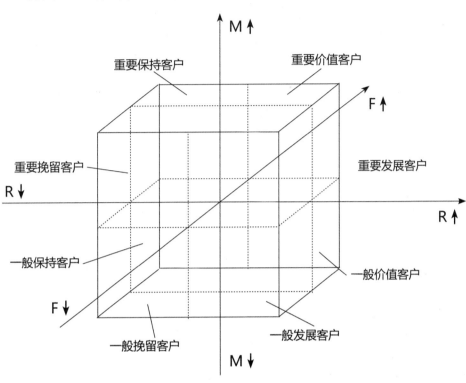

图5-12　RFM客户模型

从图5-12中可以看到，RFM客户模型将客户按照R、F、M3个指标对客户类型进行了归纳划分。R、F、M3个指标的含义如下所示。

（1）R指标：Recency是指最近一次交易距今时间。间隔时间越短，则价值越大，价值性也就越高。

（2）F指标：Frequency是指交易频率，客户在限定的时间内购买的次数。经常购买的顾客也是满意度、忠诚度最高的客户。

（3）M指标：Monetary是指交易金额，客户的交易金额可以分为累计交易金额和平均每次交易金额，根据不同的目的取不同的数据源进行建模分析。

根据3个指标的数值大小，对客户价值进行分类，可以得到8个价值类型的客户，如表5-1所示。

表 5-1　RFM 模型下的用户类型

R 值	F 值	M 值	用户类型
↑	↑	↑	重要价值客户
↑	↓	↑	重要发展客户
↓	↑	↑	重要保持客户
↓	↓	↑	重要挽留客户
↑	↑	↓	一般价值客户
↑	↓	↓	一般发展客户
↓	↑	↓	一般保持客户
↓	↓	↓	一般挽留客户

这样分析整理之后，就能够清楚得到不同价值类型的客户了。需要注意的是，在实际的 RFM 客户模型分析中，最难的点在于对 R、F、M 3 个指标标准值的确定。因为在不同的行业，对不同的产品有不同的划分标准，如以消费金额来说，在一些行业中消费金额达到 10000 元属于高消费，但在一些本身消费较高的行业中，10000 元只属于基础性消费金额。所以 RFM 的标准值设定还是要依靠行业自身环境和实际场景的需求情况来进行确定。

5.2 掌握社群管理的工具

社群运营虽然复杂、烦琐，但是我们可以借助一些实用的工具对其进行巧妙管理，实现轻松运营。实际上，市面上也确实有许多实用性强的社群管理工具，下面我们来具体看看。

5.2.1 在线图片设计工具——创客贴

社群运营常常会涉及图片设计与制作，例如海报制作、活动宣传图和公众号封面首图等，创客贴可以快速助力运营者解决图片设计问题。创客贴是一款在线编辑制图工具，快速出图，简单好用，上手快，"小白"也能快速设计出精美图片。

下面我们以设计公众号封面首图为例进行介绍。

范例借鉴

进入创客贴首页（https://www.chuangkit.com/），单击页面右上方"登录"按钮，然后扫描登录，如图 5-13 所示（创客贴不用单独注册账号，可直接微信登录，也可以 QQ、微博、钉钉等登录）。

图 5-13 登录创客贴

进入创客贴设计工具页面，此时出现页面提醒，提醒用户做相关的类型选择，系统会根据选择结果给用户推荐更实用的模板（用户需要做两步筛选，一个是行业选择，另一个是职业选择）。

如 5-14 左图所示，选择"文化娱乐"选项，再单击"下一步"按钮。在跳转的职业选择页面选择"新媒体运营"选项，再单击"下一步"按钮，如 5-14 右图所示。

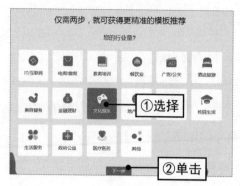
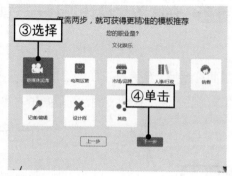

图 5-14 选择行业和职业

提交成功后,关闭选择页面,进入图片设计工具页面。在页面中的"我的场景"栏目中选择"公众号封面首图"场景选项,如图 5-15 所示。

图 5-15 选择场景

进入"新媒体配图"模板选择页面,在页面中可以选择空白画布自行创作,也可以选择模板设计。如图 5-16 所示,选择一个适合的模板。

图 5-16 选择模板

第 5 章　玩转社群要掌握的基本技巧

进入模板详情页面，单击"立即使用"按钮，如图 5-17 所示。有些模板选择后可直接跳转到设计制作页面。

图 5-17　使用模板

进入封面图设计制作页面，双击图片文字，修改文字内容，如图 5-18 所示。

图 5-18　修改文字内容

修改文字内容后，还可以对字体进行修改，包括字体样式、大小以及斜体、加粗和下划线等，通过工具栏设置即可。这里将字体大小改为"96"，如图 5-19 所示。

图 5-19　修改字体大小

调整完成后，如果觉得配图单调，还可以选择为封面图添加一些素材，例如插入文字和背景等，在页面左侧的工具栏选择即可。设计制作完成后将其保存或下载即可。

5.2.2 社群管理工具——微友助手

微友助手是一个专业的微信群管理"专家"，能够协助运营者提升社群运营和管理的效率。

微友助手功能强大，拥有群数据分析、自动拉人入群、群内引流、入群欢迎语、消息定时群发、自动回复、群签到、微信群文件和群成员管理等数项功能。下面我们按照功能模块划分来对微友助手进行介绍。

1）好友管理功能模块

开启好友管理功能后，微信号可实现自动添加微信群好友、被加好友自动通过并回复、好友自动入群和私聊自动回复等功能，具体如表5-2所示。

表5-2 好友管理功能

功　能	内　容
自动添加微信群好友	自动添加好友验证，并主动发送一条信息
被加好友自动通过并回复	当有人添加我们时，自动通过验证请求，并且可以设置消息自动回复，避免逐一回复的麻烦
好友自动入群	触发关键词，自动拉好友进入指定群
私聊自动回复	当指定好友在跟机器人私聊过程中发送的消息包含关键词时，机器人微信号将自动回复消息
自动加群用户为好友	选择需要加好友的群，机器人会自动给群内不是好友的用户发送加好友请求，但群主不在加好友请求范围内

2）社群管理功能模块

微友助手的社群管理功能非常强大，内容也非常丰富，包括数据分析、机器人聊天、入群欢迎语、关键词回复、定时发送消息、潜水/邀请查询以及聊天记录查询等。我们介绍几个典型的功能，具体如下所述。

① 微友助手支持数据分析功能。该功能可以帮助运营者查看群内进群、离群人员的动态情况。昨日、历史统计等功能还能帮助运营者分析群聊关键词、活跃用户名称和潜水成员详细名单等社群运营关键数据，如图 5-20 所示。

图 5-20　数据分析

② 微友助手支持自定义设置关键词与回复内容。当群内触发关键词时，机器人便会自动回复，且支持同步所有回复。此功能包含 4 种自动回复功能：新人进群自动回复、关键词自动回复、红包自动回复以及链接自动回复，如图 5-21 所示。

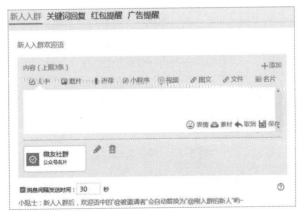

图 5-21　自动回复设置

③ 微友助手提供智能聊天功能，以便及时回复群友消息，保持互动。在群内"@机器人+互动词"，机器人会在群里回复相应的内容，保持社群活跃度。智能聊天的内容包括3个方面，如表5-3所示。

表5-3 智能聊天内容类型

类 型	内 容
资讯类	新闻资讯、热点资讯、最新时讯
游戏互动	智能点歌、成语接龙、讲笑话、说绕口令
生活百科	天气查询、数字计算、菜谱大全、图片搜索等

④ 微友助手提供成员管理功能，成员管理功能是对社群内所有成员的管理，可分为4个板块，即潜水成员查询、邀请查询、成员批量剔除和管理员设置，如图5-22所示。

潜水成员查询	微友助手支持自定义输入连续潜水天数，查询潜水成员名称。强大的数据分析功能可以找出潜水多天不发言用户，以便随时了解社群潜水状态的成员，促进社群活跃度。
邀请查询	邀请查询功能支持群内邀请查询和后台邀请查询。群内邀请查询：群友可以在群内"@机器人微信昵称+邀请查询"，自行在群内查看自己的邀请情况；后台邀请查询：自定义输入查询时间，即可看到群内成员的邀请人数和留存人数，及时了解新人来源情况。
成员批量剔除	想要删除一批人时，群内一个个剔除太麻烦。微友助手的成员管理功能可以快速解决这一难题，选择想要删除的成员即可批量剔除。（需要将群主身份转让给机器人）
管理员设置	微友助手的成员管理中，可设置多个管理员身份。在群成员列表中选择相应人员设置成管理员，共同管理社群，减轻群主负担。

图5-22 成员管理功能

当然，除了上述功能之外，微友助手还有许多其他特色功能，用户可以下载了解。需要注意的是，微友助手是一款付费软件，许多功能都需要付费才能实现。

5.2.3 线下活动发起工具——活动行

在社群运营过程中常常需要策划开展一些线下活动,但是线下活动的开展是一件比较麻烦的事情,其中涉及的事情多且杂。此时可以借助活动行网站快速发起活动,它是一个全方位的活动平台,可以发布信息和开展报名活动,还可以有效地进行活动推广、名单管理和活动分析。

在活动行网站,运营者策划活动的活动信息及报名资料都由自己掌握,运营者可以自行添加活动内容、流程,设计活动页面,自主在线收款,建立活动小站,收集报名表以及自由地导出或在线分析等,还可以为小型演出、比赛活动售票,或为一些会议论坛活动使用二维码签到。

下面我们以在活动行网站上发布一场实际活动为例进行介绍。

范例借鉴

进入活动行首页(https://www.huodongxing.com/),在页面上方单击"注册"超链接,如图5-23所示。发布活动前必须先在平台注册账号才能进行操作。

图 5-23 注册账号

活动行支持多种注册方式,例如手机号、微信、QQ和微博等,这里单击"腾讯QQ"按钮注册登录,如图5-24所示。

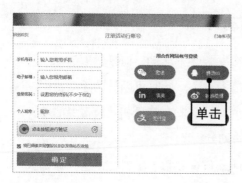
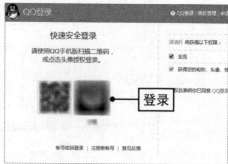

图 5-24　QQ 登录

页面跳转回活动行首页，单击"免费发活动"按钮，如图 5-25 所示。

图 5-25　单击"免费发活动"按钮

进入活动自定义页面，在页面中设置活动的相关内容，包括基本信息、活动详情和票种信息等，如图 5-26 所示。编辑完成之后，在页面下方单击"发布"按钮即可。

图 5-26　编辑活动内容

第 5 章　玩转社群要掌握的基本技巧

活动发布之后，虽然平台会为活动做推荐宣传，但是我们自己也要对活动做相关推荐，才能使活动快速积聚人气，吸引粉丝。返回至"我的活动"管理页面，在发布活动列表中选择活动类型，单击"推广活动"超链接，如图 5-27 所示。

图 5-27　单击"推广活动"超链接

活动行平台提供了多种推广工具，如"一键通知粉丝""刷新活动列表""社交分享""制作邀请函""短信/邮件推广"和"优惠码"等，不同的推广工具会使活动获得不同的推广效果。这里单击"社交分享"按钮，如图 5-28 所示。

图 5-28　选择"社交分享"工具

进入社交分享页面，此页面主要有两种分享推广方式：一种是 H5 页面二维码，将活动二维码贴入宣传文章内，或直接分享链接至微博；一种是生成小程序二维码，长按识别即可进入活动的小程序页面，也可以将二维码贴入文章内分享给朋友，如图 5-29 所示。

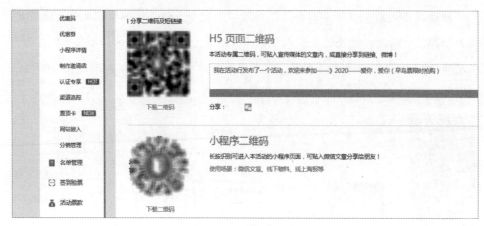

图 5-29　二维码社交分享

5.2.4 社群裂变工具——建群宝

裂变实质上就是指用户带动用户,使更多的用户加入社群。而建群宝就是对社群进行裂变,使用户快速增长必备的核心技能之一。

建群宝的裂变流程非常简单,如图 5-30 所示。

图 5-30　建群宝的裂变流程

可以将其简单理解为"制作活动海报,生成二维码→扫码进群→获取任务→完成任务并截图回群→审核通过,获取福利"。通过该流程,可以看出建群宝的关键在于海报的制作。在网络中,这样的社群裂变工具有很多,功能都大同小异。

第 5 章 玩转社群要掌握的基本技巧

在社群裂变过程中，海报的配色、设计和排版都需要精心制作，才能吸引人的眼球。裂变海报要求在朋友圈让人一看就懂，并具备足够的吸引力，才能吸引人加入。如果海报的设计有创意，海报内容有价值，就会刺激用户自发分享到社交平台进行传播。

海报制作完成之后，利用建群宝可以使微信群快速裂变，不受 100 人扫码限制。微信群营销推广只需一个固定的群活码，永久有效，多个群二维码自动轮换，每 100 人自动换新群，所有人都可通过扫码快速进群。通过工具，搞一次活动，吸引大量粉丝。

了解建群宝裂变流程之后，我们具体来看看一场成功的裂变活动案例如何操作。

范例借鉴

进入建群宝，单击"群裂变"下拉按钮，在弹出的群裂变列表中选择"普通群裂变"选项，进入群裂变活动新建页面。在页面中编辑群相关信息，完成后单击"下一步"按钮，如图 5-31 所示。

图 5-31 编辑群裂变活动信息

完成活动创建之后，进入群内设置页面。在页面中进行相关群设置，包括入群话术、入群图片验证和入群邀请验证等，完成之后单击"确定"按钮，如图5-32所示。

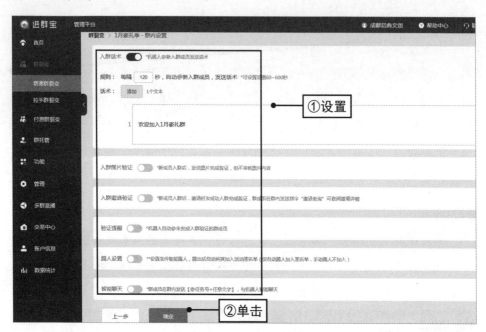

图 5-32 群内设置

活动创建成功后，系统将自动回到群裂变页面。在此页面，找到刚创建的活动，单击右侧"更多"下拉按钮，在弹出的下拉菜单中选择"活码信息"选项，如图5-33所示。

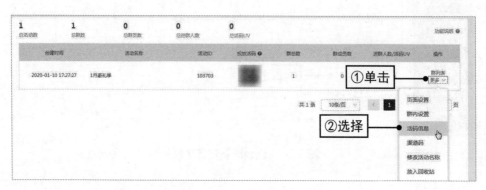

图 5-33 选择"活码信息"选项

第 5 章 玩转社群要掌握的基本技巧

进入以后,将看到活码链接和二维码,可在此处下载活码,如图 5-34 所示。

图 5-34 复制活码链接或下载活码

下载活码后,既可以自己制作推广海报,也可以在建群宝后台直接制作推广海报。海报制作成功后,可以利用自己的各个渠道及资源进行海报推广,获取种子用户进群,裂变活动也就完成了。

5.3 社群运营的危机处理

"社群话题越来越偏""群中只有几个积极分子在交流,且与社群话题无关"以及"社群中有争执、纠纷,但又不能将其踢除"等。这一系列的问题是社群运营中比较常见的问题,处理不好这些问题就会引发更大的问题,甚至阻碍社群的正常运营。但是如果处理得当,这些危机便会转化成时机,为社群营造良好的氛围,促进社群的运营。

虽然社群最终的目的在于营销获利,但实际上,社群运营就是以朋友的身份与人交流。所以社群运营不应只是停留在工具应用、数据分析层面,而应该更深入一层,从人与人之间的关系入手,妥善处理好人际关系,与成员进行有情感的互动和交流。

137

5.3.1 学会更具说服力的表达方式

运营一个社群,尤其是作为一名群主,想要获得成员们的支持和信任,就要使自己说的话更具有力度,才能打动成员,使成员信服自己,这就需要掌握一定的说话之道。

想要学会具有说服力的表达方式并不难,每一个人经过一段时间的训练都能成为一个说话具有说服力、令人信服的人。我们可以从以下几个方面来努力。

1)说话的态度

说话的态度能够直接表达一个人的情绪,如愤怒、高兴、自信、真诚和心虚等。想要令人相信自己说的话,首先要注意说话的态度,具体如表5-4所示。

表5-4 说话时的态度

态 度	内 容
自信	想要别人相信自己,则首先自己要相信自己。对自己的不信任会直接反映在说出的话语中,即没底气,这样自然无法使人信服
真诚	比起说话的技巧,真诚更为重要。真诚的态度能快速提升对方对自己的信任感。真诚包括不欺骗、具实以告和站在对方的角度来考虑问题等
客观	客观即不要夸大或虚高实际情况,而是以客观公正的态度说明实际问题
谦逊	没有人会喜欢炫耀、自傲的人,适当的谦逊更能够拉近彼此之间的距离
直率	比起拐弯抹角的猜疑,直率的表达更能得到他人的信服和尊重

2)说话的内容

说话的内容是关键要素,没有人愿意在没价值的内容上浪费时间,更谈不上信服。所以想要使人信服,我们说出的话就要具有价值。可从表5-5所示的3个方面入手。

表5-5 说话内容所具备的要素

要 素	具 体 做 法
富有自己的思想	说出的话要能体现出自己的思想,向人准确表达出自己的想法。人云亦云的转述不具任何的价值性,也不能吸引人

第 5 章　玩转社群要掌握的基本技巧

续表

要　素	具　体　做　法
具有专业性	专业能力能让人自然而然地对你产生信任感，所以如果你在某一方面具有一定的专业性，一定要在自己的话语中展现出来
具有指导意义	说出的话对他人能够起到一定的指导作用，引导他人具体怎么做，从而对他们的工作、学习或生活起到一定的指引作用，更能得到他人的信任

3）说话的方式

在说话的方式上也存在一定的技巧性，可以通过一些具体的方法让自己说的话更具说服力，如图 5-35 所示。

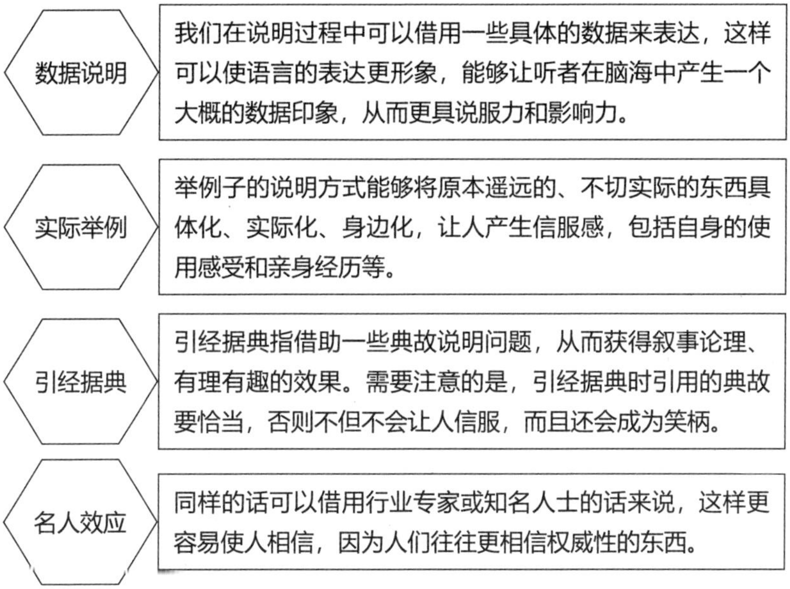

数据说明：我们在说明过程中可以借用一些具体的数据来表达，这样可以使语言的表达更形象，能够让听者在脑海中产生一个大概的数据印象，从而更具说服力和影响力。

实际举例：举例子的说明方式能够将原本遥远的、不切实际的东西具体化、实际化、身边化，让人产生信服感，包括自身的使用感受和亲身经历等。

引经据典：引经据典指借助一些典故说明问题，从而获得叙事论理、有理有趣的效果。需要注意的是，引经据典时引用的典故要恰当，否则不但不会让人信服，而且还会成为笑柄。

名人效应：同样的话可以借用行业专家或知名人士的话来说，这样更容易使人相信，因为人们往往更相信权威性的东西。

图 5-35　说话技巧

5.3.2　管理社群话题，引导讨论方向

为了保持社群的活跃度，社群里常常需要抛出话题引起讨论。但很多时候我们会发现，社群话题并没有像我们预想中那样发展，而是随着话题的深入和

发展，讨论的话题和内容越来越偏离社群文化，离自己创建社群的初衷越来越远。因此，在社群运营中我们不得不对话题进行管理，以便控制好讨论方向。

社群中引导话题主要有两个方法：一是群主或管理员主动发起话题；二是社群中的积极分子主动发起话题。下面我们分别来看看。

1）群主或管理员主动发起话题

群主或管理员主动发起话题是社群话题中主要的发起方式。为了避免社群话题偏离社群，在发起话题之前，群主和管理员就需要对社群话题的发起规则有所了解，注意控制，并掌握一定的方法。

- **注意话题的价值属性**：在发起话题之前，首先要明白社群成立的初衷是什么？目的是什么？成员们想要得到什么？任何话题的提出都要围绕社群的价值属性来创建，这样才不会偏离社群。

- **注意调整话题内容的方向**：在话题讨论的过程中，因为成员们的学习、经历和工作等背景不同，对同一话题自然会产生不同的见解和反应，所以管理员或群主要实时参与到话题讨论中，注意引导和调整话题内容的讨论方向。只有这样才能够更好地控制社群话题发展的节奏。有了管理人员的调整控制，成员们偏离话题的可能性才会更低。

- **为成员们适时分配任务**：对于学习、交流型的社群，管理人员可以为成员适当地分配一些学习任务，让成员自己在学习中产生讨论内容，这样能有效筛选出优质用户，提升社群的质量。这样的社群更不容易偏离主题。

- **提前为社群制订相关计划**：管理员提前为社群制订相关计划包括话题讨论、活动策划和学习任务等，详细的计划安排能够避免成员在群内闲聊而偏离社群主题。

2）积极分子主动发起话题

社群中常常会出现积极分子主动发起话题的现象，对于这一现象我们要学会引导和培养，不要一出现该类现象就立即打压，或剔除相关人员。

一个社群中离不开积极分子，缺乏了积极分子的社群会大幅降低社群的活跃程度。所以我们非常有必要开发和培养一部分积极分子，通过一些激励措施鼓励他们更多地参与社群主题的互动。

但是，群主或管理员需要对积极分子发起的话题进行规范管理。比如，可以制定一系列的规则来限制他们的话题方向，对于好的话题可以给予一定奖励，刺激他们多多发起话题，维持社群活跃度。对于一些不好的、偏离主题的话题要及时制止。

另外，在社群中发起话题时要注意以下几点。

（1）**话题与社群主题相符**。社群发布的话题内容要与社群的运营出发点一致，不管是管理人员发起的，还是成员发起的话题。

（2）**注意话题发起的节奏**。发起话题的目的在于让成员讨论互动，维持社群的活跃度，但不要制造过多话题或不停引出话题，要为成员们留下互动的时间和空间，否则话题就失去了意义。

（3）**话题的难度性**。发起话题时要考虑社群成员的学历、知识和技能背景，适当控制话题的难度，尽量迎合社群中所有成员的喜好，以便最大限度地让所有成员参与进来讨论，而非极少数成员的讨论。

5.3.3 处理违反规则的社群成员

每一个社群中都可能出现违反群规的成员，那是不是当成员违规就剔出社群，以此维持社群的稳定呢？答案肯定是否定的。社群成员的违规涉及许多信息，我们要懂得慎重处理，具体可从以下几个方面实施。

1）群规的制定是否合理

首先我们要反思，是不是我们自己在制定群规的时候出现了错误。制定的群规内容是否存在不细致的缺陷，制定的一些规则内容是否比较模糊不清，容易引起成员的误解。

自我反思应该为第一步，不能成员一违规就马上惩罚，包括禁言或剔除等。

我们制定的群规应该简单、易懂和易执行,而且群规一旦制定之后就不能再频繁改动。

2)针对违规现象,深入了解

社群成员违规的背后肯定有原因,我们要知其然还要知其所以然,即针对成员的违规现象,进行深入了解和分析。

① 学会换位思考,了解成员违规背后的原因。

② 通过真诚的沟通获得成员的好感和理解,指出他这种行为的不当之处。

③ 深入分析成员违规背后可能潜藏的需求,在规则内尽量满足成员的诉求。

3)将危机视为时机

危机出现的时候,有可能也是时机出现的时候。成员出现的违规现象,也是给予社群一次管理强化群规、建立群秩序的机会。只要运用得当,可以促进社群的稳定发展。

QQ社群，最早期的网络社群

第6章

QQ从1999年研发成立至今已近21年了，它是国内早期的网络社群聚集地，而在QQ群也聚集了各种各样的特色社群。

- ▶ QQ空间社群营销的优势分析
- ▶ QQ空间装扮不可或缺
- ▶ 什么是兴趣部落
- ……
- ▶ QQ空间如何维持高访问量
- ▶ 开通QQ公众空间做营销
- ▶ 申请酋长做部落大当家

6.1 高人气的 QQ 空间打造

QQ 对大部分 80 后、90 后来说都具有特殊的回忆,所以即便在微信发展强大的今天,QQ 用户使用量依然不低。基于 QQ 强大的用户基数,它已成为社群营销的一个重要阵地。

而 QQ 空间作为 QQ 的一个附属产品,具有"博客"的功能,能够让用户通过空间分享自己的心情、日志、音乐以及照片等,从而与 QQ 好友形成互动,这对社群营销来说具有重要意义。

6.1.1 QQ 空间社群营销的优势分析

2013 年小米手机旗下的红米手机在 QQ 空间首发,小米官方空间吸粉高达 100 多万,10 多万台红米手机在短短几分钟内被抢购一空,创下业界神话,成为一场难以复制的 QQ 空间社群营销经典案例。小米的成功离不开 QQ 空间,也使人见识到了 QQ 空间隐藏着的巨大营销价值,并吸引大量企业和个人纷纷入驻 QQ 空间。

QQ 空间除了 QQ 本身强大的用户基数外,其具备的功能性也非常适合做社群营销,主要包括表 6-1 所示的几点。

表 6-1　QQ 空间的功能特点

功能性	内　容
产品互通性	腾讯旗下的产品有许多,例如 QQ、QQ 空间、腾讯微博、微信和朋友圈等,而 QQ 空间与这些产品具有互通性,能够在这些平台上实现内容分享和传递
传播到达率高	在 QQ 空间中更新的任何动态信息如果没有设置特别权限,都会以提醒的方式显示给 QQ 好友,包括评论、点赞和回复等,这样可以及时反馈信息
精准度高	在 QQ 空间中发布动态信息,面向的对象是用户自己添加的全部好友,精确度高
关注度高	许多 QQ 用户都有一个每天进入空间查看动态的习惯,一旦更新动态信息就很容易被关注

续表

功能性	内　容
互动性强	QQ空间的好友互动性较强，不仅可以点赞、评论，还可以转载分享，得到更广泛的传播
信任度高	QQ空间是建立在QQ好友基础上的互动平台，在QQ空间频繁地互动、交流能够快速加深彼此的信任感

6.1.2 QQ空间如何维持高访问量

在QQ空间做社群营销，简单来说，就是通过不断的更新QQ空间动态信息，吸引QQ好友查看，形成频繁互动，维持QQ空间的高访问量。

维持QQ空间的高访问量主要应从两个方面入手：一方面是自我动态更新；另一方面是与他人形成互动，下面分别来看看。

1）自我动态更新

自我动态更新实际上是利用QQ空间中的一些功能发布自己的动态信息，从而吸引QQ好友的关注。QQ空间中有许多功能可以用来做社群营销。

（1）发表说说。

说说是一个动态发表平台，可以发表自己时下的心情，与人互动沟通，增进与成员之间的联系。发表说说非常简单，进入QQ空间，在文本框中输入内容，再单击"发表"按钮，即可发表说说，如图6-1所示。

图6-1　发表说说

（2）发表日志。

日志与博客类似，我们可以在日志中发表一些优质的文章，吸引用户观看、转发和分享；也可以将社群中的一些技能、知识以日志的方式进行发表，快速分享、传播。日志传播推广本质上是软文营销，要注重日志的内容和价值，没有价值的内容，发布得再勤也无用。

进入 QQ 空间，单击"日志"超链接，如图 6-2 所示。

图 6-2　单击"日志"超链接

进入"我的日志"页面，在页面中单击"写日志"按钮，如图 6-3 所示。

图 6-3　单击"写日志"按钮

进入日志编辑页面，在页面中按照页面提示编辑日志内容，完成后单击"发表"按钮即可，如图 6-4 所示。

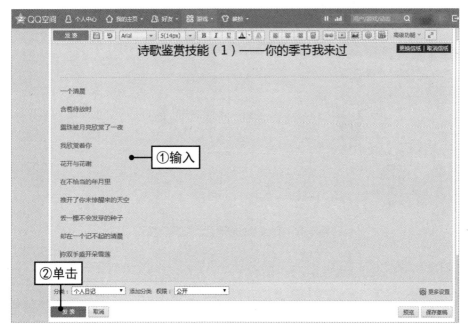

图 6-4　编辑日志内容

（3）QQ 相册。

QQ 空间提供了 QQ 相册功能，用户可以直接在相册中上传照片，并生成动态展示到 QQ 好友空间中。相应地，利用 QQ 空间做社群营销，可以将产品的相关信息以图片或视频的形式上传到 QQ 相册中，以吸引 QQ 好友观看欣赏。

进入 QQ 空间，单击"相册"超链接，如图 6-5 所示。

图 6-5　单击"相册"超链接

进入 QQ 相册页面,在页面中单击"上传照片/视频"按钮,如图 6-6 所示。

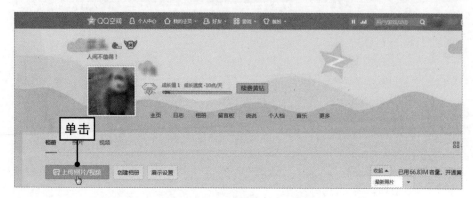

图 6-6　单击"上传照片/视频"按钮

进入照片上传页面,单击"选择照片和视频"按钮,如图 6-7 所示。

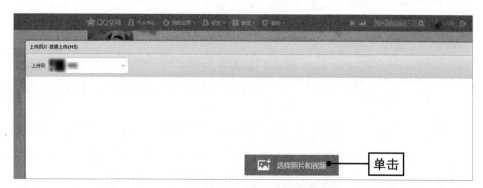

图 6-7　单击"选择照片和视频"按钮

进入本地文件选择图片,再单击"打开"按钮,如图 6-8 所示。

图 6-8　选择图片

第 6 章 QQ 社群，最早期的网络社群

返回至照片上传页面，单击"上传到"下拉按钮，在弹出的相册列表中选择相册，再单击"开始上传"按钮，即可将照片上传，如图 6-9 所示。

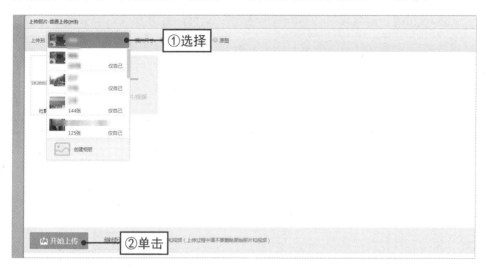

图 6-9 上传照片

相比文字发表，图片或视频的展示方式更能快速吸引好友观看，也能够快速聚集人气。所以 QQ 相册是一个不能轻易放弃的宣传阵地。

2）与他人互动营销

QQ 空间除了自己更新动态之外，还可以利用空间中的一些功能与他人互动，更新动态，吸引 QQ 好友关注，从而达到社群营销的目的。

（1）分享优质文章。

我们添加的好友中有许多人会在日志中写一些优质的文章，我们可以在对文章的评论下发表自己的想法和观点，然后分享至 QQ 空间，还可以分享给指定的 QQ 好友，又或者是微信群、QQ 群或朋友圈等。

QQ 空间的分享功能很强大，除了日志分享之外，还可以分享图片、视频或网站。通过这一功能，运营者可以轻松分享文件给 QQ 好友，快速实现信息的传播推广。

（2）QQ空间点赞、评论和留言。

在QQ空间中我们还可以直接点赞、评论QQ好友的动态信息，还可以在其QQ空间留言板留言，直接与好友互动。长期的互动能够与好友保持良好的情感联系，从而建立起信任感。

6.1.3 QQ空间装扮不可或缺

既然选择将QQ空间作为社群营销推广的阵地，那么就不得不对QQ空间做一定的装扮修饰，以便让每一个到空间访问的好友都能感受到专业性和真实性。QQ空间作为我们的社群营销大本营，代表了我们的形象，所以在装扮上不能马虎。

QQ空间的装扮可分为QQ空间资料设置、QQ空间头像设置和QQ空间装扮等，下面来一一介绍。

1）QQ空间资料设置

QQ空间作为一个独立存在的平台，所有的信息资料都需要重新设置，以与QQ区别开来。QQ空间资料设置包括QQ空间名称、QQ空间签名和QQ空间签名档。如图6-10所示为QQ空间名称和QQ空间签名的展示位。QQ空间签名档的展示位不同，会显示在日志评论或者留言内容的下方。

图6-10　QQ空间名称和QQ空间签名展示

从图6-10可以看出，QQ空间名称和QQ空间签名是QQ空间的第一形象，好的空间名和签名能够让访客对该空间产生良好的第一印象。

修改 QQ 空间资料非常简单，进入 QQ 空间，将鼠标光标移动到页面右侧上方的"设置"按钮处，在弹出的下拉菜单中选择"修改资料"命令，如图 6-11 所示。

图 6-11　选择"修改资料"命令

进入空间设置页面，选择左侧"个人资料"下的"空间资料"命令，在页面右侧的文本框中依次进行空间资料设置，再单击"保存"按钮，如图 6-12 所示。

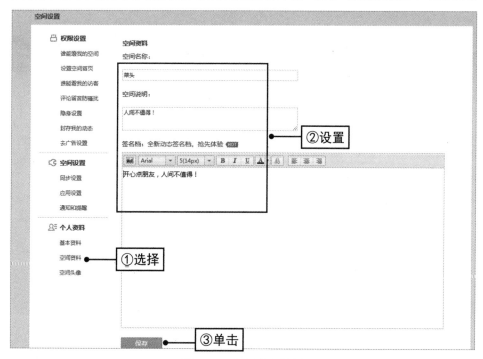

图 6-12　设置空间资料

需要注意的是，QQ空间使用的名字可以是真实的姓名，也可以是经常用的网名。但是名字不要经常变动，因为对营销者来说名字是品牌，经常更换会影响粉丝对空间的印象。而QQ空间说明和QQ空间签名档不受限制，可以根据实际需要来进行编辑设置。

2）QQ空间头像设置

QQ空间头像是QQ空间形象的直接展示，头像的风格、内容不受限制，可以是真人、卡通、风景以及实物等。但是在选择头像上最好要具有唯一性，能够让人一眼认出你。

QQ空间头像设置非常简单，在空间设置页面选择"空间头像"选项，再在右侧页面中单击"选择照片"按钮，如图6-13左图所示。打开相册文件夹，选择相册并选择照片，如图6-13右图所示（除了选择QQ空间相册中的图片之外，还可以选择本地相册）。

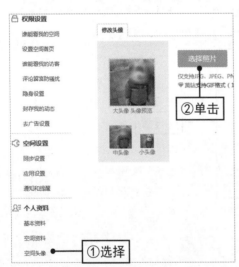

图6-13　选择照片

进入编辑头像页面，在页面中拖动蓝色边框，调整头像图片的大小。在右侧预览显示中查看，完成后单击下方"确定"按钮即可，如图6-14所示。

图 6-14　修改头像

3）QQ 空间装扮

QQ 空间装扮是对 QQ 空间整体的布局设计，这样在别人访问空间时就能够快速吸引人的注意力，给人留下一个好的印象，以便获得更多的关注和访问量。QQ 空间装扮操作比较简单，进入 QQ 空间，鼠标单击"装扮"下拉按钮，在弹出的菜单中单击"装扮商城"按钮，如图 6-15 所示。

图 6-15　进入装扮商城

进入空间装扮页面，在页面下方的装扮商城选择适合的装扮套装，然后单击页面右侧上方的"保存"按钮即可，如图 6-16 所示。

图 6-16　装扮空间

当然，这是最简单的空间装扮。实际上 QQ 空间提供了多种装扮工具和方法。在空间装扮页面的上方还提供了"换配色""换版式"以及"DIY 装扮"等多种工具，运用这些装扮工具可以将空间装扮得更加精美。

另外，对于长期运营 QQ 空间的自媒体来说，还可以开通黄钻，这样可以享受更多的装扮套装和服务。

6.1.4　开通 QQ 公众空间做营销

QQ 公众空间的前身是 QQ 认证空间，指腾讯官方认证的，针对自媒体、网站媒体和名人机构等内容运营者推出的，拥有更多专属功能的 QQ 空间。

公众空间是 QQ 公众号专属的 QQ 空间，用户关注公众号后会同步关注公众空间。公众空间的粉丝可以通过其个人空间动态流及时获取所喜爱的品牌、机构、媒体或名人的最新动态信息。

营销者的公众空间可以让 QQ 用户在不添加好友的前提下关注自己的动态，并且显示在其 QQ 动态里面，而且如果内容较为优秀，还会得到官方的推荐。

相比普通 QQ 空间，利用 QQ 公众空间做社群营销其优势性更强。具体来看，QQ 公众空间主要有以下几种优势。

① 公众空间是一个面向所有 QQ 用户的开放的空间，粉丝只要关注了公众空间，就可以获取公众空间推送的内容。

② QQ 公众空间与其他自媒体平台一样，能够对于所发布的文章和视频内容进行推送。

③ 公众空间粉丝数量暂时是没有上限的，而普通 QQ 空间粉丝则数量有限。

④ QQ 公众空间支持在 QQ 空间独家推荐公共空间的内容，这就能获得更高的曝光量。

QQ 公众空间可分为 4 个类型，如表 6-2 所示。

表 6-2 QQ 公众空间的类型

类　型	内　容
普通公众空间	适合自媒体做社群营销，功能形式和各大自媒体平台的一样。支持关注功能，用户可以一键成为对应空间的粉丝。公众空间作为一个开放式的平台，空间权限仅支持"公开"，一旦升级后，不能修改。（建议申请一个新 QQ 号开通公众号对应的公众空间）
校园公众空间	校园公众空间是 Qzone 为校园媒体打造的空间类型，旨在为学生提供更多贴近校园生活的服务。这类公众空间有所限制，不仅必须是校园自媒体的定位，且账号需具有传承性，有团队运营
明星粉丝团公众空间	属于明星周边的公众空间，通过明星的名义快速聚集粉丝
QQ 空间达人	QQ 空间达人与其他认证公众空间有所区别，具有关注功能，可以聚集粉丝。但是空间达人没有明确的申请通道，通常系统会向活跃的用户发出邀请

申请公众空间必须具备两个条件：一是短视频自媒体；二是有持续产出短视频的能力。其次，申请公众空间的方式主要为邮件申请，具体步骤如下所述。

① 下载表格，填写相关资料信息。

② 邮件主题请写明：账号 + 申请入驻 QQ 公众空间。

③ 以附件形式发送到邮箱：Qzone_BD@tencent.com。

发送邮件之后，等待系统审核通过即可。

6.2 兴趣部落，基于兴趣公开的主题社区

提起兴趣部落，相信很多对 QQ 不甚了解的人并不知情，实际上兴趣部落非常适合做社群营销。"兴趣部落"从名字可以看出，它是以兴趣为核心聚集粉丝群体的平台，而这一点与社群营销的宗旨不谋而合。

6.2.1 什么是兴趣部落

"兴趣部落"是腾讯手机 QQ 在 2014 年推出的一个基于兴趣的公开主题社区，它的出现使拥有共同兴趣标签的 QQ 群打通了更深一步交流互动的壁垒，实现了交流讨论和信息沉淀。QQ 用户可加入相关联的 QQ 群进行实时聊天；同时用户还可从相对私密的 QQ 群里走出来，加入公开的兴趣部落，扩展社交边界。

兴趣部落具备较强的社交属性，它让庞大的 QQ 用户依托兴趣聚集起来，形成一种互动模式。在部落中，用户可以按天签到、发表、评论和分享话题，从而提高用户的黏性。

兴趣部落玩起来也非常方便，打开手机 QQ，登录自己的 QQ 账号。进入"消息"界面，点击"搜索"文本框，在文本框内输入"兴趣部落"字样，然后选择下方的"兴趣部落"功能，如图 6-17 所示。

图 6-17 进入兴趣部落

进入兴趣部落,系统会自动推荐一些热门的部落消息。点击页面下方"部落"选项,进入部落,就可以选择自己感兴趣的部落类型。这里选择"动漫"选项,如图 6-18 所示。

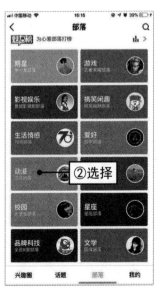

图 6-18 选择部落类型

进入部落魅力榜，选择一个部落，查看详情，点击"关注"按钮，如图6-19所示。关注之后就能及时查看到部落的动态信息。

图6-19 关注部落

6.2.2 申请酋长做部落大当家

每一个兴趣部落都有首席酋长、大酋长、小酋长和小编，不同的职责对应着不同的权限。当我们寻找到了自己感兴趣的部落之后就可以提出申请，成为部落中的管理人员，即首席酋长、大酋长或小酋长等。

酋长权限的区别如下所述。

- **首席酋长**。首席酋长是部落的主管人员，拥有部落中的最高权限，其基础权限与大酋长一致，还拥有审核通过和任免大酋长、小酋长及小编等权限，一个部落仅有一个首席酋长。
- **大酋长**。大酋长是掌握部落运营的核心，拥有除任免酋长以外的权限，包括拥有小酋长的全部权限，如加精、封/解号和置顶等。一个部落可以拥有两名大酋长。

- **小酋长**。小酋长是部落中的基础管理人员，起到辅助运营的作用，主要协助大酋长进行社区维护。小酋长可以管理部落、帖子、评论和用户，包括对部落帖子、评论进行增、删、查，对用户拉黑等。

可以看出，在一个部落中首席酋长拥有最高权限，如果社群运营者可以成为首席酋长，或者在部落中做酋长，都能为社群营销创造良好的条件。那么应该怎么申请酋长职务呢？

申请酋长职务需要经过3个步骤，如图6-20所示。

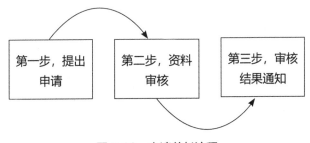

图 6-20　申请酋长流程

申请酋长时，首先要确认自己是否满足基本条件。申请条件有两个：一个是兴趣部落官方提出的大小酋长申请说明；另一个为具体的兴趣部落针对部落实际情况而提出的酋长要求。如下所述为官方部落的大小酋长申请说明。

- 年满18周岁。
- 有责任心，能够团结团队。
- 熟悉群部落的基本操作方式。
- 智能手机、电脑可随时双向操作。
- 平均每天在线时间不低于10小时。
- 有一定管理经验，具备贴吧、论坛管理经验的优先录用。

兴趣部落的酋长招募条件通常从用户的活跃程度、表现情况或等级情况等方面进行考查，如下所述为某兴趣部落的酋长申请条件。

（1）当月在本部落发帖数大于10。

（2）在部落未被举报有违规操作。

（3）被官方取消酋长次数少于3次。

（4）被官方拉黑次数少于1次。

（5）当前QQ号等级12级。

注意，酋长申请只能申请酋长职务，不能直接申请首席酋长。首席酋长是在部落缺乏首席酋长的情况下，大酋长发出申请，系统审核通过之后，由大酋长晋升为首席酋长。

申请酋长的入口目前有两个，下面一一介绍。

1）订阅号直接申请酋长

进入兴趣部落订阅号，点击下方"申请酋长"按钮，进入酋长招募页面。在页面中筛选感兴趣的部落，点击部落名称后的"申请"按钮即可，如图6-21所示。

图6-21　进入订阅号申请酋长

2）进入兴趣部落申请

进入兴趣部落，点击下方"部落"按钮，进入部落页面，选择一个感兴趣的部落,点击部落名称进入部落详情页面。在部落动态下方点击"申请部落酋长"超链接即可,如图6-22所示。

图6-22 进入兴趣部落申请酋长

6.2.3 创建一个自己的兴趣部落

除了可以申请部落酋长管理运营兴趣部落之外,还可以创建一个自己的兴趣部落做社群营销。这样一来,兴趣部落的运营管理权会更主动。

申请兴趣部落需要满足以下5个条件。

①申请人需要提供个人真实信息(姓名、身份证、身份证照片和手机号等)。

②申请人需要对所申请的部落主题具有浓厚兴趣并积极管理部落。

③电商、游戏、品牌类部落暂时不支持个人申请。

④申请的部落其主题不能和现有部落过于相似。

⑤上传的头像和背景图都要和部落主题相关且符合尺寸、清晰度要求。

创建兴趣部落的操作非常简单,但需要在兴趣部落官网中完成,具体操作如下所述。

第一步进入兴趣部落官网(https://buluo.qq.com/)并登录自己的QQ账号，然后在首页中单击"创建部落"导航按钮，如图6-23所示。

图6-23　单击"创建部落"导航按钮

进入部落类型页面选择部落类型，单击"选择并继续"超链接，如图6-24所示。

图6-24　选择部落类型

选择之后，进入提示页面，单击"确定"按钮，如图 6-25 所示。

图 6-25　确认提示内容

进入部落信息填写页面，根据页面提示填写对应信息，包括部落名称（创建后将不可修改，1～10个中英文字符）、部落分类、部落头像（部落头像需要与部落名称呈对应关系）、背景图片（640×250px）、申请理由（说明你对所创建部落的理解和计划以及管理部落的个人优势）、部落简介（建议 15 字以内）、部落标签以及验证码，单击"下一步"按钮，如图 6-26 所示。

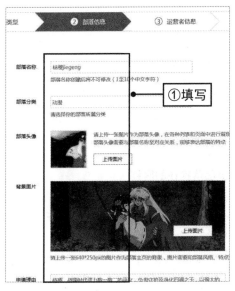

图 6-26　填写部落信息

进入运营者信息填写页面,根据页面提示填写与身份证对应的姓名、有效身份证号码、个人邮箱和手机号码等信息,上传证件照(支持 JPG、PNG、BMP、GIF 格式,大小需控制在 2MB 以内),然后单击"提交申请"按钮,如图 6-27 所示。

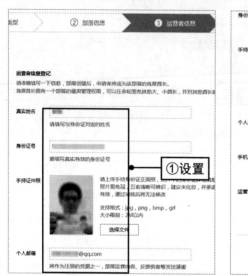
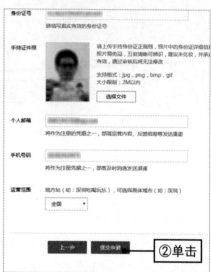

图 6-27 提交申请

申请信息提交后,系统会在 5 个工作日内以手机 QQ 的方式通知申请结果,在审核通过之前,部落是无法使用的。

至此,创建兴趣部落的操作全部完成。根据前面的部落创建介绍,我们可以看到,系统提供了 3 种不同的兴趣部落类型。这些不同的部落类型拥有的权限和资源也不同,运营者需要根据实际运营情况来做选择。3 种类型的兴趣部落的区别如表 6-3 所示。

表 6-3 不同类型的兴趣部落存在的区别

项目	兴趣主题	企业品牌	个体运营
酋长考核	兴趣主题部落为开放公有,该类部落的酋长申请对所有用户开放,择优上岗,且官方将按照一定的标准对酋长进行定期考核	企业品牌部落归品牌方所有,官方不对酋长进行考核	个体运营部落归运营者个人所有,官方不对酋长进行考核

续表

项目	兴趣主题	企业品牌	个体运营
发布广告	不允许发布和推广任何形式的广告	可发布与企业、品牌相关的推广内容	可发布广告，但不得发布违法、色情、虚假和诈骗等违规广告，否则平台将直接关闭该部落，情节严重的将依照相关法律条例移送公安机关
部落搜索	用户可以通过搜索找到该部落	用户可以通过搜索找到该部落	用户在部落中搜索该部落时，搜索结果中不会展示该部落
兴趣号	部落创建后自动开通兴趣号	部落创建后自动开通兴趣号	有兴趣号
推广资源	可通过积极运营获得部落积分奖励，积分可以用来兑换部落官方提供的推广资源，增加该部落的曝光量，提升部落人气	可通过积极运营获得部落积分奖励，积分可以用来兑换部落官方提供的推广资源，增加该部落的曝光量，提升部落人气	不享有积分体系，也没有部落推广资源曝光（包括但不限于排行榜、搜索热词等）
转换规则	可转换为企业品牌	不支持转换	可转换为兴趣主题、企业品牌

 小贴士

兴趣号是手机 QQ 平台上专属于兴趣部落的服务号，可以让部落的内容直接触达手机 QQ 用户及 QQ 群用户。

6.3 QQ 也有一个公众平台

说起公众号，大家比较熟悉的是微信公众号，包括微信订阅号和服务号等，殊不知 QQ 也有一个公众平台，与微信公众号类似。QQ 公众平台的生活服务号与微信公众平台的基本运作模式是一样的：商家推广"生活服务号"吸引粉丝关注，用户关注后可以通过对话的形式获取服务。

6.3.1 手机 QQ 公众号的入口在哪里

想要利用 QQ 公众号做社群营销，首先要知道 QQ 公众号的入口在哪里。虽然微信与 QQ 是同一家公司旗下，但界面却存在很大的不同，这也是有的人没有发现 QQ 公众号的原因。

登录手机 QQ，点击界面下方"联系人"按钮。进入联系人界面，点击"公众号"命令，即可在页面下方查看已关注的公众号列表，如图 6-28 所示。

图 6-28　查看 QQ 公众号

在同一界面中点击搜索框，在文本框中输入关键词"QQ 音乐"，就会在下方搜索出相关的 QQ 音乐用户列表，包括小程序、小说、订阅号、兴趣部落和公众空间等。选择一个感兴趣的订阅号，进入订阅号详情页面，点击"加关注"按钮，即可完成公众号的关注，如图 6-29 所示。

第 6 章　QQ 社群，最早期的网络社群

图 6-29　关注公众号

6.3.2 申请注册一个 QQ 公众号

运营 QQ 公众平台需要运营者申请注册一个自己的公众账号，QQ 公众号申请也很简单。登录 QQ 公众平台（https://mp.qq.com/），登录自己的 QQ 账号（QQ 号将绑定公众号），进入申请页面，如图 6-30 所示。

图 6-30　登录 QQ 账号

167

进入 QQ 公众平台注册页面，单击页面中的"注册"按钮，如图 6-31 所示。

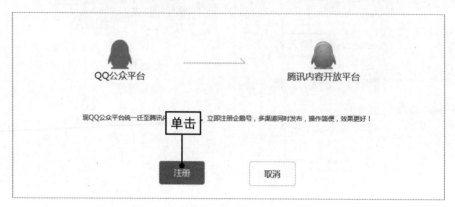

图 6-31　单击"注册"按钮

进入腾讯内容开放平台，选择注册账号，这里单击"QQ 注册"按钮，在打开的面板中单击自己的 QQ 头像完成登录，如图 6-32 所示。

图 6-32　QQ 账号注册

进入公众号运营主体选择页面，需要注意的是账号类型一旦注册成功，主体类型便不能更改。系统提供了包括个人、媒体、企业、政府以及其他组织 5 种主体类型。每一种类型的注册需要提交的资料和适用范围不同，这里以"个人"为例，单击个人下方的"选择"按钮，如图 6-33 所示。

第 6 章 QQ 社群，最早期的网络社群

图 6-33 选择主体类型

进入公众号信息填写页面，按照页面提示填写相关信息，包括名称和简介等，还要设置头像，完成之后单击"下一步"按钮，如图 6-34 所示。

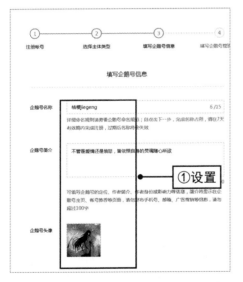

图 6-34 填写 QQ 公众号信息

进入运营者信息填写页面，按照页面提示填写运营者的相关信息，包括姓名、身份证号码、手持证件的照片以及手机号等，填写完成后单击"提交"按钮，等待审核即可，如图 6-35 所示。

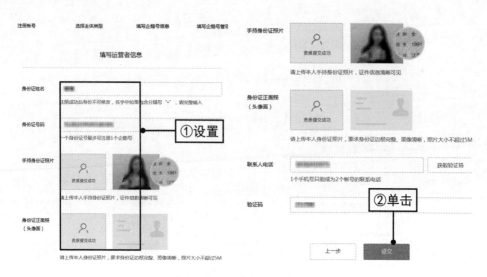

图 6-35 填写运营者信息

6.3.3 QQ 公众号的运营技巧

QQ 公众号应该怎么运营呢？实际上，QQ 公众号与微信公众号类似，运营方式也相同，都是通过向粉丝用户发送文章、提供相应服务实施营销推广。只是，在 QQ 公众号运营中要注意以下几个问题。

1）QQ 公众号的粉丝积累

粉丝永远是社群营销的基础，QQ 公众号当然也不例外。创建了 QQ 公众号之后，就要想办法快速积累粉丝，而快速积累粉丝可以从如表 6-4 所示的几个方面入手。

表 6-4 积累粉丝的方法

方　　法	具　体　操　作
添加 QQ 群	添加目标 QQ 群，进入 QQ 群中寻找目标用户，然后将其引入 QQ 公众号中
添加兴趣部落	兴趣部落也积聚了大量的目标用户，运营者可以关注目标兴趣部落，然后再将部落里的用户引入 QQ 公众号中

续表

方　法	具　体　操　作
利用QQ互推群	这个办法能够快速积累粉丝，虽然大多数都不是精准客户，但是可以为QQ公众号聚集人气
及时关注热门事件	借助热门话题在各大平台发布公众号的相关信息，吸引粉丝注意
公众号互推	公众号也可以进行互相推荐。寻找一些已经运营一段时间且有一定粉丝量的公众号合作，进行互推。只要双方之间没有直接的利益冲突，就可以合作
将QQ好友引入到QQ公众号中	我们的QQ公众号是以QQ号注册的，本身就已经聚集了一定的好友量，可以将QQ好友引入QQ公众号中

2）明确自己的内容风格

QQ公众号运营也要明确和统一自己的内容，并形成风格，具体体现在公众号的头像、名称、简介、推送文章以及提供的服务或产品中。明确的风格能够让我们的公众号在众多公众号中脱颖而出，从而聚集更高的人气。

3）明确QQ公众号运营的目的

有的人以随大流的心态开展QQ公众号运营，想要利用QQ平台更多地积累粉丝人气，但实际上QQ公众号是用来维护和增强粉丝关系的平台，它是通过满足粉丝诉求而促成的营销推广。所以我们在开展QQ公众号运营之前要对自己的运营目的有一个清晰的认识。

4）QQ公众号的内容推送

QQ公众号需要定时为关注者推送文章，推送的文章质量往往决定着用户是否持续关注，所以非常重要。QQ公众号推送的内容形式丰富，具体如图6-36所示。

图6-36　QQ公众号文章内容形式

内容运营需要注意以下5个方面的内容。

（1）提前做好内容的规划。

（2）注意内容在表现形式上的差异性，丰富的表现形式比传统的内容推广更能吸引用户。

（3）注意内容整合。一个公众号的内容运营不会由一个人完成，往往需要集合多人的努力，一次文章推送甚至就涉及多个人的文章，那么就要注意内容整合，既要统一也要有所区别。

（4）内容的推送要尽量固定，即固定时间向用户推送文章，让用户养成习惯。

（5）内容运营是一个持久的事情，要长期坚持，运营效果才会明显。

微信社群，社群营销的基础阵营

第7章

微信社群是社群运营者不能放弃的一个阵地，不管是出于对微信强大的用户基数的考虑，还是对微信具备的功能，以及微信所具有的强关系背景的看中，微信社群都非常适合运营者做社群营销。

- ▶ 创建注册一个微信公众号
- ▶ 个性化的自定义菜单栏设置
- ▶ 朋友圈广告投放多样化掌握
  ......
- ▶ 公众号中的自动回复设置
- ▶ 做好朋友圈基础装饰
- ▶ 吸引人的朋友圈广告文案编辑

7.1 微信公众号运营策略

微信公众号是一个自媒体公众平台,简单来说,可以将其视为商家与用户进行一对多互动的媒体性推广平台。从 2013 年研发至今,微信已经发展成为一个成熟的社交媒体平台,更是社群营销的一个基础阵营。

7.1.1 创建注册一个微信公众号

微信公众号运营的实施首先需要到微信官方平台注册申请一个微信公众号。申请注册微信公众号操作简单,具体内容如下所述。

登录微信官方首页(https://weixin.qq.com/),在页面中单击"公众平台"导航按钮,进入微信公众平台页面,在页面中单击"立即注册"超链接,如图 7-1 所示。

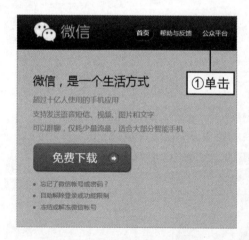

图 7-1 进入微信公众平台

进入公众号注册页面,在页面中选择公众号的类型。平台提供了 4 种类型:订阅号、服务号、企业微信和小程序。不同的公众号类型具有不同的功能,具体如下所述。

◆ 订阅号可以为用户提供信息和资讯,一般媒体用户和个人比较适合使用。

- 服务号是腾讯提供给企业用户,然后企业要将该服务号用于向个人提供相关服务的一种公众号,它比订阅号的功能更全。微信服务号又可分为两种,即认证服务号与未认证服务号,认证方式只可以是公司认证,并且也只有公司才能申请;未认证的服务号建议认证,否则其推广和其他功能会受到限制。
- 微信企业号是微信为企业客户提供的移动服务,提供企业移动应用入口。它可以帮助企业建立员工、上下游供应链与企业IT系统之间的连接。利用企业号,企业或第三方服务商可以快速、低成本地实现高质量的企业移动轻应用,实现生产、管理、协作、运营的移动化。
- 微信小程序是一种不需要下载安装即可使用的应用,它实现了应用"触手可及"的梦想,用户扫一扫或搜一下即可打开应用。全面开放申请后,主体类型为企业、政府、媒体、其他组织或个人的开发者均可申请注册小程序。

这里以选择"订阅号"为例作介绍,如图7-2所示。

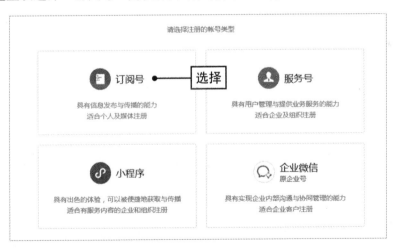

图7-2 选择公众号类型

进入基本信息填写页面,根据页面提示完成信息填写,包括邮箱、验证码以及密码等,完成后单击"注册"按钮,如图7-3所示。

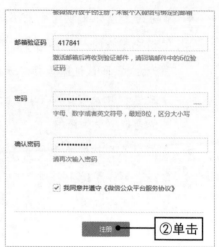

图 7-3　填写注册信息

进入选择企业注册地页面（暂只支持部分国家和地区企业类型申请账号），选择企业公众号注册地，单击"确定"按钮，如图 7-4 所示。

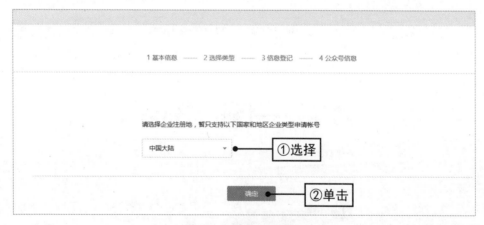

图 7-4　选择企业注册地

平台会再次提醒确认选择公众号的类型（公众号类型一旦确认注册之后就不能更改），确认之后进入信息登记页面。选择主体的类型，可以选择政府、媒体、企业、其他组织或个人，完成选择后根据页面提示填写相关信息，然后单击"继续"按钮，如图 7-5 所示。

第 7 章 微信社群，社群营销的基础阵营

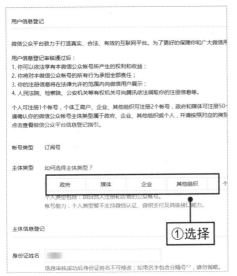
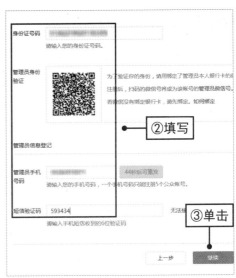

图 7-5　验证身份

进入公众号信息设置页面，根据页面提示编辑账号名称和功能介绍，再单击"完成"按钮，如图 7-6 所示。

图 7-6　公众号信息设置

页面显示"信息提交成功，你可以前往微信公众平台使用相关功能"的提示，此时说明微信公众号已经创建成功，用户可以登录微信公众号并开始使用了。

7.1.2 公众号中的自动回复设置

自动回复是指粉丝关注公众号或是在公众号留言时,系统会根据事先预设的触发条件向粉丝回复相应的内容,增强与粉丝之间的互动,展示给粉丝一种个性化的体验。

自动回复设置主要包括3种类型,即关键词回复、收到消息回复和被关注回复,如图7-7所示。

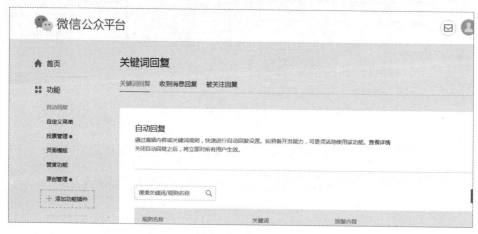

图7-7 微信公众号自动回复设置

1)关键词回复设置

关键词回复是指粉丝发送的内容触及提前预设的关键词,而得到相应的回复内容,比较常见的包括联系方式、投稿和商务合作等。关键词回复设置中有两种设置规则:一种是全匹配,即粉丝发送的内容必须在与预设的关键词内容完全一致的情况下才会触发自动回复;一种是半匹配,即粉丝发送的内容中包含关键词即可触发。

关键词的回复形式多样,可以是图文消息、纯文字、图片、语音以及视频等。关键词回复是由添加规则的方式来实现的,每个规则可以设定10个关键词,每条回复最多可以回复5条内容,可选择全部回复和随机回复两种方式。

如图7-8所示为公众号的关键词回复。

第 7 章 微信社群，社群营销的基础阵营

图 7-8 关键词回复

2）收到消息回复设置

收到消息回复设置与关键词回复设置类似，通过编辑内容或关键词规则，快速进行自动回复设置，有的是统一回复，有的是关键词内容触发。如图 7-9 所示为收到消息回复。

图 7-9 收到消息回复

3）被关注回复设置

被关注自动回复即用户关注公众号之后收到的第一条信息提示。该信息一般以欢迎关注或自我介绍为主，如图7-10所示为被关注后回复。

图 7-10　被关注后回复

综上所述，自动回复的内容主要包括3个方面，具体如表7-1所示。

表 7-1　自动回复内容

类　型	作　用
欢迎文案	欢迎文案可以有效地快速拉近与粉丝之间的距离，也是自动回复设置中的必备内容
自我介绍	自我介绍即向粉丝介绍公众号的功能、内容或作用，帮助粉丝快速了解公众号类型
引导参与	引导参与即在自动回复中添加引导粉丝进入公众号中深入了解的内容。引导参与主要包括4种方式：引导点击超链接，将粉丝引入具体的文章或内容中；引导回复关键词，让粉丝回复关键词，公众号自动回复某种服务；引导点击菜单栏，自动跳转至公众号的某种服务中；其他互动方式，例如在自动回复中添加一些活动，吸引粉丝参与其中

7.1.3　个性化的自定义菜单栏设置

粉丝关注一个公众号时最想知道的是该公众号能够为自己提供一些什么，而自定义菜单最大的作用就在于能够将公众号中的功能属性直接展示在粉丝面前，引导粉丝享受公众号提供的各项服务。

第 7 章　微信社群，社群营销的基础阵营

微信公众号的菜单栏可分为两个等级，即一级菜单和二级菜单，它们具有包含与被包含的关系。自定义菜单中可以设置 3 个并列一级菜单，每个一级菜单下最多可以延伸 5 个二级菜单。同时，因为手机屏幕显示受限的缘故，所以一级菜单中要求每个菜单名称不得超过 5 个汉字或 8 个字母，二级菜单中要求每个菜单名称不得超过 8 个汉字或 16 个字母。如图 7-11 所示为某公众号的自定义菜单设置情况。

图 7-11　自定义菜单设置

从功能上来看，自定义菜单的设置主要可分为 4 类，具体如下所述。

1）内容型菜单栏设置

内容型菜单栏设置属于自定义菜单中的基本设置，也是粉丝最基础的需求，它包括两种类型：历史文章合集，将之前发布过的文章放在下拉菜单中，方便用户直接查看历史文章；优质文章合集，从已发布的历史文章中筛选出质量较好的文章，组合放在菜单栏中，便于查看。

2）变现型菜单栏设置

很多公众号除了具有营销推广的作用之外，还具有粉丝变现转化的作用，通过自定义菜单的设置，让用户完成消费。常见的变现菜单栏设置包括下面 5 种类型。

① 电商入口变现，即在自定义菜单中直接设置商城，粉丝点击该商城按钮，即可进入商城消费购物，如图 7-12 所示。

图 7-12　电商入口变现型菜单设置

② 课程入口变现，即在自定义菜单中设置课程推荐付费内容，粉丝点击付费之后才能观看到相应的课程内容，如图 7-13 所示。

图 7-13　课程入口变现型菜单设置

第 7 章 微信社群，社群营销的基础阵营

③ 咨询入口变现，主要以服务咨询付费功能为主，需要借助第三方实现。如图 7-14 所示为某公众号的咨询入口。

图 7-14 咨询入口变现型菜单设置

④ 小说充值入口变现，即在自定义菜单中设置充值入口，如"我要充值"导航按钮，粉丝点击充值之后可享受阅读小说的服务，如图 7-15 所示。

图 7-15 小说充值入口变现型菜单设置

⑤ 直播消费充值入口变现，是指粉丝通过菜单栏选择观看直播，然后在直播中产生消费实现变现，如图7-16所示为"看直播"导航按钮。

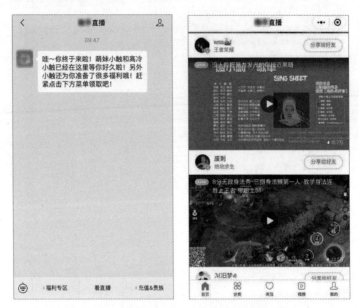

图7-16　直播消费充值入口变现型菜单设置

3）服务型菜单设置

为了持续、稳定地维系粉丝，公众号还会为粉丝提供相应的服务，这就需要公众号设置服务入口菜单。服务型菜单设置的内容比较丰富，例如订单查询、会员中心、优惠活动和商务&招聘等，如图7-17所示。

图7-17　服务型入口菜单设置

从图7-17中可以看到，一个公众号往往不仅提供一项服务，所以在排列服务菜单顺序时要围绕公众号的定位,将重要的服务放在显眼位置,才能够给粉丝提供好的服务体验。

4)联系型菜单设置

联系型菜单设置是为了便于粉丝和合作商快速找到自己而设置的,点击下拉菜单后可以进行文字回复、表单填写或图片展示等,如图 7-18 所示。

图 7-18　联系型入口菜单设置

根据前面的菜单内容设置类型可以看到,一个看似小小的公众号却包含了这么多的内容,为粉丝提供了各种各样的产品或服务,那么具体应该怎么设置和选择呢?

其实,我们只要明白,菜单功能的最终目的就是解决粉丝的问题,所以在设置时应以粉丝的体验感受为前提,以公众号的定位为中心,以实用性为主,根据具体功能编写名称即可。

另外,在菜单的名称设置上要注意,一方面取名要清新脱俗,不能烂大街或过于刻板;另一方面也不能为了吸引粉丝注意力而过于花哨、复杂,让粉丝去猜测菜单内容,这样反而会影响用户的使用体验。

7.2 做不让人反感的朋友圈营销

微信朋友圈营销对运营人员来说并不陌生,我们在朋友圈中也常常会看到刷广告做推广营销的动态。但是朋友圈作为强关系下的一个公众平台,大部分粉丝都不喜欢甚至非常厌恶营销推广消息,所以运营者在朋友圈中营销时不能单方面地推广发送,要考虑如何降低粉丝对营销的反感度,积极做一个让人不讨厌,或者可以喜欢的朋友圈。

7.2.1 做好朋友圈基础装饰

将朋友圈作为一个长期运营发展的社群阵地,首先需要对朋友圈做简单的基础装饰,以便增强进入朋友圈查看的粉丝的信任度和好感度。

朋友圈装饰实际上就是打造一个烟火气的朋友圈。每一个用户被陌生人添加时都会在第一时间查看对方的朋友圈情况,如果打开对方的朋友圈全是广告,那么就会判断出该微信为工作号,于是很快就会失去好感度,从而拒绝添加或是删除。所以,我们有必要下一番功夫去装饰自己的朋友圈。

朋友圈装饰看起来很复杂,实际不然,主要包括 4 个部分,具体如下所述。

1)微信名称如何取名

每个人都有自己的名字,微信也是如此,一个好的微信名称能够起到吸引粉丝的作用,同样地,一个不好的名字自然会引来粉丝的反感。常见的取名方式有以下 5 种,如表 7-2 所示。

表 7-2 微信取名方式

方　式	内　容
以品牌命名	指以产品或公司的品牌名称来直接命名,这样的方式比较适合一些大的品牌或公司,因为品牌的本身已经具备了一定的人气,通过这样的命名可以快速聚集品牌的粉丝用户,还能够让该微信号给人一种专业、官方的感觉

续表

方　式	内　容
以微信功能命名	指直接以微信号提供的服务或功能来命名，例如"衣物干洗""二手闲置"等，这样的命名方式直白、简单，方便粉丝快速了解微信号的作用和功能。但是这样直接的命名方式会损失一些潜在目标客户群体，因为这些目标客户通常暂时不需要这些服务，所以不想添加一些直白的广告微信号
以具体化的方式命名	指通过具体化的表达方式，将原本抽象的、难以理解的事情具体化，以便让粉丝快速理解该微信号的实际功能
以垂直行业领域命名	垂直领域指在名称中细分行业，并将实际的个人需求体现出来，即"行业＋服务"的简单命名方式，例如汉服摄影、绘画教学和会计培训等。这样具体、精准的命名方式可以准确地吸引目标群体
提问式的命名	指通过提问的形式吸引粉丝的关注，激发粉丝对问题答案的好奇心理，从而达到粉丝积累的目的。这样的命名方式比较适合一些目标客户群体广泛、大众的微信号

2）微信头像设置

微信头像可以代表我们的形象，所以非常重要。看似细小的头像，却能给粉丝带来不同的感受。微信营销中的头像设置方式常见的有以下几种，如表7-3所示。

表7-3　微信头像设置方式

方　式	内　容
真人照片做头像	真人照片做头像包括自己以公司做背景拍摄的工作照做头像，或是以日常生活照做头像。真人照片做头像能够帮助运营者在虚拟的空间里与客户聊天时，建立客户的真实感，降低客户的戒备心理，信任感也会增强
品牌LOGO做头像	以品牌LOGO做头像与以品牌名称为微信命名具有同样的作用，一方面可以快速聚集品牌粉丝；另一方面可以起到为品牌做宣传推广的作用
动漫形象做头像	以动漫形象做头像是一种比较可爱、另类的设置方式，可以直接下载个性动漫形象，也可以设计自己的真人动漫形象作为头像，动漫的方式能够使运营者在众多的微信头像中更突出
名人合影做头像	以和名人的合影做头像，有助于提升微信的价值信任度或者行业权威度。名人可以是明星、专家和知名人士，但要求具备正能量

3）编辑个性签名

个性签名展示在微信名称的下方，粉丝一眼就能看到的位置，非常重要。所以在编辑个性签名时不能随意，要能够从个性签名中体现出服务价值、核心竞争力以及特色化差异等，能够让粉丝通过个性签名快速了解微信号。

因为个性签名的字数有限，一般在30个字符以内，所以可以用一些正能量的名言名句，或是能够引起共鸣的句子。但是要与微信公众号的形象相符合，否则会给人牛头不对马嘴，甚至虚伪的印象。

4）朋友圈封面

朋友圈封面是最佳广告展示位，即便在此直接发广告也不会引起他人的反感，因为粉丝一旦进入微信号的朋友圈就是想要了解资讯的。朋友圈封面图片类型有很多，可以是品牌LOGO或广告语，也可以是公司产品的照片，还可以是实体门店的照片，甚至可以是获得的奖章、奖牌等照片。

7.2.2 朋友圈广告投放多样化掌握

我们常常能够在朋友圈中看到一些品牌的广告推广信息，但是我们并没有添加这些品牌微信号，这就是朋友圈广告植入，即能够让你的广告出现在所有人的微信朋友圈中，以便能够快速实现品牌的宣传和推广。

朋友圈广告实质上是依托微信庞大的用户群体，以类似朋友圈的原创内容形式在微信用户的朋友圈进行广告展示，粉丝好友可以通过点赞和评论的方式进行互动，为运营者提供了一个特别的互联网社交推广营销平台，但这种广告投放大多都是付费的。

朋友圈常见的广告形式有4种，具体如下所述。

1）图文形式广告

图文广告即由图片和文字组成广告的内容形式，如果是本地推广，图文广告还会再添加门店标识。如图7-19所示为图文形式广告。

第 7 章 微信社群，社群营销的基础阵营

图 7-19　图文形式广告

从图 7-19 可以看到，图文形式的广告结构内容如下所述。

- **微信昵称和头像**：微信头像和昵称便于粉丝识别公众号，粉丝点击即可进入微信公众号信息介绍页查看详情。
- **广告文案**：这是广告的核心内容，可以帮助粉丝了解广告内容要点。
- **广告图片**：这是广告的重要内容，主要展示产品或服务。
- **超链接**：图片下方添加超链接，粉丝点击即可将其引入落地页。
- **用户社交互动**：包括点赞和评论，能让粉丝参与到广告宣传当中。

如果是本地推广，点击添加的门店标识即可进入门店详情页查看门店详细广告信息。

2）视频形式广告

视频形式广告即将原本静态的图片改为动态的视频，这样能够更清晰地展示出产品的效果。如图 7-20 所示为视频形式的广告。

图 7-20　视频形式广告

从图 7-20 可以看到，视频形式的广告结构与图文形式的广告结构相同，唯一的区别在于将图片改为视频。视频广告的时长可分为 6 秒和 15 秒两种，视频比例为 4：3。点击视频即可全屏查看完整小视频，时长通常在 5 分钟以内。

3）卡片式广告

卡片式广告包括图文和视频两种形态，广告的文案在图片或视频的下方显示，且广告的图片或视频与文案以卡片的形式组合，如图 7-21 所示。

图 7-21　卡片式广告

从图 7-21 可以看到，卡片式广告与图文或视频式广告最大的区别在于点击图片后页面随即跳转至原生成页或自定义 H5 页落地页中。

4）选择式卡片广告

选择式卡片广告与卡片式广告类似，区别在于选择式卡片广告在卡片式广告的基础上添加了两个选择按钮，这样的设置更利于与粉丝形成互动，了解粉丝对产品或服务的倾向，粉丝的体验感更好。

如图 7-22 所示为某商家朋友圈投放的选择式卡片广告。

图 7-22　选择式卡片广告

选择式卡片广告的结构内容与卡片式广告相同，其特点在于选择按钮，点击不同按钮即可跳转至不同的活动页面。

7.2.3 吸引人的朋友圈广告文案编辑

不管是朋友圈广告投放，还是直接在朋友圈发文进行营销推广，都离不开文案的编辑。朋友圈不同于公众号，编辑内容的字符有限，如果内容过多，会出现被折叠的情况，为了避免这一情况，我们就需要学会在有限的范围内编辑出具有吸引力的广告文案。

广告文案具有两个方面的含义：①吸引目标客户群体的注意力，激发他们的消费欲望；②是针对商品或服务而创作的广告文字或图片。所以，想要吸引客户买单就需要从广告文案入手。

广告文案由标题、副标题以及广告正文组成。此外，还需要为文案设计配图，具体内容如下所述。

1）广告标题

标题是广告内容的核心，它的作用在于快速吸引客户对广告的注意力，激发受众对广告内容的好奇心理。甚至很多时候，一个标题的好坏决定了人们是否继续阅读广告正文。

广告标题的形式多种多样，如表 7-4 所示。

表 7-4 广告标题形式

形　式	内　容
新闻式标题	指直接以消息的形式作为广告标题，优点在于能够提高广告文案内容的可信度
提问式标题	指以提问的方式编辑的广告标题，可吸引客户的注意力。这种广告标题通常有两种类型，即设问式和反问式
许诺式标题	指许诺客户如果购买或消费某类产品，即可得到某项好处的标题。优点在于以直接利益引起客户占小便宜的心理，从而获得客户的注意力
悬念式标题	指设立一个悬念，引起客户的好奇，这样的标题形式迎合了客户想要知道真相的心理特征
呼吁式标题	指向目标客户群体发起呼吁、建议或是劝导，这样的标题形式常见于公益性活动中，通过放大情感，引起客户的情感共鸣，从而拉近与客户之间的距离
恐惧式标题	指在标题中向目标客户阐述可能存在的危害性或现象，使其产生恐惧心理，为解决这一恐惧而产生的消费。例如老年人担心的健康问题、青少年的发育问题和学习问题等
假设式标题	指在标题中预先提出一种假设情况，并指出这一情况可能带来的结果。该类标题的目的在于引起客户对某类事物产生思考和做出行为
对比式标题	指在标题中将同类型的品牌、产品或服务进行比较，突出自身的优势，从而起到吸引客户的作用
口号式标题	指利用简短而富有号召力的短语作为标题，让人对其产品或服务留下深刻的印象，例如"不是所有牛奶都叫特仑苏"
否定式标题	指使用否定的句式或词语表达出文案的意思，引起目标群体的注意
事实式标题	通过真实的事实作为标题，常以具体的数字来表达，表达时要注意数字的真实性，不能为了效果而刻意夸大
赞美式标题	指在标题中直接表达赞美之情，包括对品牌、服务、功能、特性以及产品的赞美

2）广告副标题

广告副标题是对广告标题的一种补充，因为广告标题通常比较简短、精练，内容都经过了高度的总结概括，这就有可能存在信息展示不完全、不充分的问题。而广告副标题可以对广告标题进行补充说明，帮助客户理解标题内容。

3）广告正文

广告正文是指对产品或服务的介绍说明，以便让客户能够对产品有一个全面、客观的认识。因此，在广告内容的描述上要实事求是、通俗易懂。但是在描述的方式上可以追求新颖创新，比起单调、刻板的叙述，这样更能吸引客户的关注。

广告正文的描述形式也非常多样化，具体如表 7-5 所示。

表 7-5　广告内容的形式

形　式	内　容
互动型内容	朋友圈相比其他平台而言，因为具有"朋友"关系的特点，所以在广告内容形式上更活泼，也更自由一些，可以将客户视为朋友，以一种面对面交谈的方式展示广告内容，以获得互动的效果。例如"我准备好了，你呢？"
话题性内容	热点话题很容易引起注意，吸引读者点击，在广告内容方面也是如此，所以可以试着将一些热点的话题融入广告正文中，以此提升客户对广告内容的关注度
情怀式内容	情怀是指在广告内容中融入一些能够引起大家共鸣的情感，例如爱情、亲情和友情等，以情动人更具穿透力
明星效应内容	明星自带光环属性，受粉丝追捧，本身具有巨大流量，如果广告内容中有明星加持，自然能够得到快速传播和转化
个性化内容	个性化内容的广告词对广告创意有一定的要求，需要策划者打破常规才能起到在众多广告信息中脱颖而出的作用
卖点型内容	直接说明产品或服务的卖点和优势，打动客户。这样的方式简单直接，但缺乏创意，难以刺激客户的购买欲

4）朋友圈广告配图

朋友圈广告除了文案之外，还需要在文案下方配图。图片与文字同样重要，甚至有时图片比文字更具冲击力，对客户的影响力更强。配图可以是产品图、品牌 LOGO、真人照片以及景物照片等，没有具体的限制或规定。

但是配图应注意美感，重视图片排版方式，这样可以有效地提升广告文案的设计制作水平，下面介绍一些实用的朋友圈配图技巧。

① 统一色调的配图。统一色调即广告文案的配图全部使用同一种色调的图片，这样在视觉感受上冲击力更强，也更惊艳。此外，统一的色调也能使原本多且杂的图片内容更和谐统一。如图 7-23 所示为统一色调的配图效果。

图 7-23　统一色调的配图效果

② 同一动作的组合配图。在不同的背景下做同一个动作，可以快速形成一种统一的风格，极富创意和个性感。如图 7-24 所示为同一动作的组合配图效果。

图 7-24　同一动作的组合配图效果

③ 突出中心内容的配图。我们在查看朋友圈图片内容时，视觉会不自觉地被其中心所吸引，所以如果想要强调重点内容，可以将其摆放在中心位置，然后再稍微弱化周围其他图片。如图 7-25 所示为突出中心内容的配图效果。

图 7-25　突出中心内容的配图效果

如图 7-25 所示，左图周围以具有指向性的表情包突出中心内容，右图则以周围景物来突出中心人物，两种配图方式都能将阅览者的目光锁定在中心位置。

④ 对角线穿插型配图。在朋友圈的九宫格中除了突出中心配图之外，还可以利用九宫格的两根对角线穿插配图，这样的排版方式可以使图片的组合看起来更灵活，也显得更加错落有致。如图 7-26 所示为对角线穿插型的配图效果。

图 7-26　对角线穿插型的配图效果

从图 7-26 左图可以看到，配图时以人物为重点的图片放置在两根对角线上，然后用以景物为重点的图片穿插在人物图片空隙中。

⑤ 留白式的配图排列。排列的留白指让图片中间出现空缺效果，让图片不必把九宫格占满，从而引起阅览者的遐想和思考。留白的方式多种多样，应以自己的实际需要为主进行排列。如图 7-27 所示为留白式的配图排列效果。

图 7-27　留白式配图排列效果

⑥ 九宫格切图排列。九宫格切图排列是指利用九宫格切图效果进行创意排版，将原来的一张照片切割成 9 份，实际以 9 张照片拼组而成。如图 7-28 所示为九宫格切图排列效果。

图 7-28　九宫格切图排列效果

7.2.4 紧盯朋友圈黄金时刻表

我们的微信常常会添加成百上千的好友，尤其是做社群营销的微信号，微信好友可能会更多。为了能让微信好友及时查看我们发布的广告，让营销真正获得效果，运营者需要紧盯朋友圈的黄金时刻表。

黄金时刻表是指依照微信好友的生活作息时刻表，在其空闲时发布推送广告，只有这样才能提高广告的阅读浏览量。如图7-29所示为朋友圈黄金时刻表24小时分析。

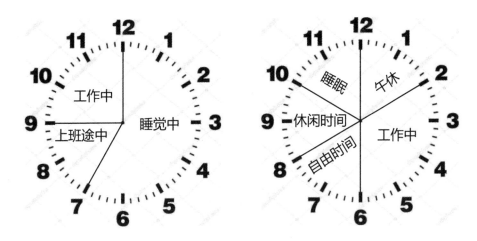

图7-29 朋友圈黄金时刻表24小时分析

通过图7-29我们可以清晰地找到微信朋友圈中的发文黄金时间段。如下所述是对各个时间段进行的是否适合做营销推广的分析。

① 凌晨0~7点，这一时间段为大部分人的休息时间，很少有人会看手机信息，所以在朋友圈应避免这一时间段发文。

② 早晨7~9点，该时间段普通的上班族已经起床，处于上班途中，准备进入上班状态。该时段属于一个短黄金时间段，因为途中赶车非常无聊，很多人都会有在车上看手机信息的习惯，所以此时可以发布信息。但是要注意发布的广告信息应短小精悍。

③ 上午 9~12 点为工作时间段，大家都会投入工作当中，基本不会看手机，所以此时不是较好的发文时间段。

④ 中午 12 点~下午 2 点，此时为上班族的午休时间，大部分人都有中午看手机看新闻的习惯。所以该时间段为一个黄金时间段，可以发布推送信息，但是发布时要注意上班族的午休时间。

⑤ 下午 2~6 点，为上班时间段，不用发文推广。

⑥ 下午 6~8 点，该时间段为上班族的自由时间，结束了一天的工作，此时可能处于下班途中或晚饭时间。该时间段为黄金时间段，用户的活跃度较高，同时也比较愿意阅览各种各样的信息推广。

⑦ 晚上 8~10 点，为睡觉前的休闲时间，为进入睡眠状态做准备，此时为用户高活跃的时间段，人们愿意花费大量的时间静下心来仔细阅览各种信息，尤其是一些情感触动较深的文章更能快速打动用户，引起共鸣。所以也是发文推广的黄金时间段。

7.3 利用微信的多样玩法助力营销

在微信平台中营销，除了可以利用微信群、公众号以及朋友圈之外，还可以借助微信中的一些小功能增强微信营销的效果，例如微信红包和微信小游戏等。

7.3.1 微信红包，花样红包玩法

对微信红包大家都不陌生，不管是逢年聚会，还是好友相聚，常常都会发送红包来为聚会助兴。当然在社群营销中也是如此，红包可以提升社群的活跃度，提高成员与社群之间的黏合程度。

红包除了传统的拼手气红包之外，还有许多新奇玩法，这些新奇的红包玩法可以最大限度地增强微信好友的社交互动性，具体如下所述。

1）说口令红包

说口令红包即提前为红包设置口令，朋友点击红包页面，通过语音的方式领取红包。语音需要用普通话发音，经过系统认证通过，才能领取红包。

2）唱歌红包

唱歌红包即提前为红包添加歌曲，用户唱歌就可以领取红包。

3）答题红包

提前为红包设置好问题，用户回答正确即可领取红包。

4）拼图红包

用户点击错乱排列的图片，完成拼图后即可领取红包。

5）鉴定红包

鉴定红包即问卷调查型红包，用户点击参加调查，结束后即可领取红包。

6）追捕红包

提前预设路线，用户记住路线，然后进行追踪，准确追踪之后即可领取红包。

7）翻牌红包

记住红包藏在哪个格子中，然后盯住红包移动到哪里了，最后点击格子领取红包。

8）口令红包

提前设置口令，比如生日、年会和庆典等，用户输入口令，即可抢红包。

9）身份红包

提前设置领取红包用户的身份，范围内的用户才能领取红包。例如三八妇女节，限制只有女性用户可以领取红包。

通常这些花样红包玩法都需要通过小程序来实现，即提前关注红包类型的小程序，然后按照页面指引操作即可。需要注意的是，这些红包玩法大多为第三方平台设置提供，所以需要支付一定的服务费用。

7.3.2 微信游戏，互动引爆社群

除了直接以利益诱惑吸引之外，还可以用微信游戏来激发用户的玩乐心理，利用游戏趣味性强、参与感浓以及黏合度高的特性，增强成员与社群之间的互动联系。另外，可以将产品或品牌与游戏有机结合，使产品或品牌能够在用户玩游戏的过程中得到营销推广。

微信游戏种类有很多，有直接在微信群中参与的小游戏，例如成语接龙、拼手气红包等，也有跳转至第三方小程序中参与的游戏。不同的游戏能够吸引不同的人参与，从而为社群营销带来不同的营销效果。因此，在设置游戏类型时要充分考虑成员的特点，选择适合他们的游戏。

制作社群小游戏要遵循游戏设计制作原则，具体内容如表7-6所示。

表7-6 游戏设计制作原则

原　则	内　容
游戏操作简单	参与游戏互动的用户通常都是利用自己的碎片时间，如果游戏操作复杂，学习时间成本较高，则会大幅降低用户参与游戏的积极性
注重用户的体验	微信游戏以移动端为主，其操作与PC端完全不同，所以在设计时要注重用户参与游戏时的感受体会，以移动端的界面操作习惯为主进行设计制作
注重游戏本身的趣味性	虽然要求游戏操作简单，但并不意味着无趣。相反，越是简单的游戏，想要留住用户就需要游戏本身具备趣味性，才能吸引到用户
精美的游戏界面	游戏的界面精美程度会直接影响用户玩游戏的感受，如果游戏界面粗糙，会大幅降低游戏质感，从而导致用户流失
提供荣誉	游戏的最后需要为玩家提供一些荣誉，包括等级、名词、分数、排行以及荣耀榜等。荣誉设置能够激起玩家的进取心和攀比心，从而增加玩家的黏合度

下面对一个具体的游戏营销例子进行介绍。

范例借鉴

众人 PK 小游戏——围住神经猫

围住神经猫是一款一经上线就在微信朋友圈疯传的游戏。游戏是由一只体态妖娆、表情风骚且不断在屏幕中扭来扭去，勾引玩家发起毫不留情的围剿的白色神经猫组成。如图 7-30 所示为围住神经猫游戏界面。

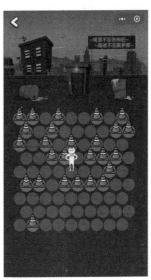

图 7-30　围住神经猫游戏界面

围住神经猫玩法非常简单。

（1）围住神经猫玩法关键在于将图中的那只猫围住，不让它从旁边跑掉。

（2）在游戏开始会有几个随机分布的点亮了的格子。

（3）玩家需要点一个圈将猫围起来，这时候会发现猫的姿势会改变。

（4）此时最终的目的就是让它无路可走。

（5）最终游戏结束了，查看一共用了几步。

这款游戏上线之后就在朋友圈疯传，快速席卷朋友圈，我们来看看该游戏具备的优势特征。

① 游戏以神经猫的贱萌形象示人,表现得可爱又亲近,极大地提升了游戏的好感度。

② 游戏以围住神经猫的玩法进行操作,方法简单直接,玩家适用范围广泛。

③ 游戏界面干净、简洁、清晰,给玩家带来良好的用户体验。

④ 游戏在界面醒目位置添加醒目网络流行俗语,"喝酒不忘泡枸杞,蹦迪不忘带护膝",为游戏增添了趣味性。

⑤ 游戏引入了竞争机制,激发玩家的荣誉心理,引起玩家之间的攀比。

综上所述,可以看出一款能够引爆朋友圈的游戏通常具备规则简单、操作便捷和画面单一的特点,这样的特性非常适合打发碎片化时间的上班族玩家们。

微博社群，高覆盖率的营销平台

第8章

随着微博平台的出现，微博营销也相继出现，许多商家、品牌以及个人都纷纷入驻微博，试图通过微博拓展自己的市场。因为微博不仅是一个社交平台，还是一个媒介平台，用户基数巨大，不管是娱乐事件还是社会事件，都会第一时间在微博上得到关注和讨论。

- ▶ 在微博中创建一个话题
- ▶ 创建话题上热门
- ▶ 快速增加微博的粉丝量
- ▶ 借助热门话题蹭热度
- ▶ 微博"直播"拉近距离
- ▶ 把握粉丝头条的优势

8.1 微博话题，最高效的营销方式

微博平台中有许多适合营销的功能，其中，微博话题是高效营销的方式之一。运用好微博话题，不但可以为自己增粉，还可以提高热度，增强自己微博的影响力。

8.1.1 在微博中创建一个话题

进行微博话题营销，首先要懂得如何在微博中创建话题，才能开展后续的话题营销工作。微博话题的创建很简单，在手机移动端打开微博应用，登录微博账号，点击右侧上方的"+"按钮，在弹出的下拉菜单中选择"写微博"选项，如 8-1 左图所示。进入"发微博"页面，在页面中输入微博内容，并在创建的话题内容前后加上符号"#"，然后点击"发送"按钮，如 8-1 右图所示。

图 8-1　手机端创建微博话题

在电脑端口创建话题也非常简单，进入微博首页，登录微博账号，在微博内容编辑文本框中输入内容，并在创建的话题内容前后加上符号"#"，再单击"发布"按钮，即可完成话题创建操作，如图 8-2 所示。

第 8 章　微博社群，高覆盖率的营销平台

图 8-2　电脑端创建话题

8.1.2 借助热门话题蹭热度

微博热门话题指微博中用户讨论量和关注度较高的话题，根据关注度和讨论量的多少形成了微博热门话题榜。微博热榜又可分为热门总榜和分类榜单，总榜中又可分为实时榜单和 24 小时榜单；分类榜单则可细分为明星、社会、时尚、生活以及游戏等各种类型，如图 8-3 所示。

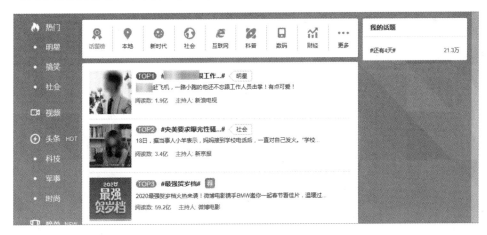

图 8-3　热门话题榜

可以看出，微博中不乏各种热门话题，这些话题本身积聚了较高人气和讨论量，如果我们能够借助这些热门话题发布相关微博内容，就能够起到蹭热度

并提高关注度的作用。问题的关键在于，如何技巧性地蹭热度才能避免用户产生反感心理，可以从下面几个方面入手。

1）加入话题，提高浏览量

微博中的热门话题有很多，选择一些高关注度的、讨论量大的话题进行添加，可以增加微博浏览量。在手机移动端，进入发微博界面，点击页面下方的"#"按钮，进入话题页面，通过左侧筛选条件对话题进行选择，如图8-4所示。

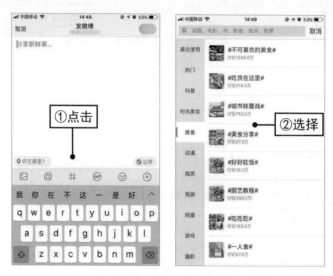

图8-4　选择添加话题

返回至发微博页面，输入微博内容，点击"发送"按钮，即可完成，如图8-5所示。

图8-5　发布带有热门话题的微博

2）参与话题讨论

参与话题的讨论，即进入热门话题，在话题下方发布留言评论。如果评论内容精彩，则可能引起更多人的回复、点赞或转发，甚至吸引更多的粉丝关注。如图8-6所示为某热门话题下的热门评论。

图8-6　参与话题讨论

3）多多互动

可以在热门话题下多跟别人互动，尤其是一些比较好的观点，或者是值得讨论的内容，这样能够快速吸引他人的注意力。还可以在发微博的时候@一些微博认证账号，这样一来，其他用户搜索时就能增加查看到你的评论的概率。

8.1.3　创建话题上热门

除了蹭热门话题的热度之外，还可创建自己的话题使其成为热门。首先我们知道，在微博中热门微博主要存在两个榜单，即微博热搜榜和热门话题榜，如图8-7所示。

图 8-7 微博热搜榜和热门话题榜

  微博热搜榜是根据用户实时热搜情况，按照短时间内的搜索量进行排序的，如果在短时间内可以获得较高的搜索量，且上升趋势较快的话，微博就可能进入热搜榜榜单。

  热门话题榜单则不同，它的上榜规则主要有以下 5 点。

  ① 话题榜只算单小时数据，所以想要使话题上榜就需要集中力量使其在短时间内形成快速上涨的趋势。

  ② 大量的不同用户在某一个时间段内，带话题发表原创、转发或阅读带话题的微博都能增加话题的热度。当然，其中带话题的原创微博影响力更大。

  ③ 只有日常活跃的用户出现的转发、评论或发表才会被计算发布或阅读量，避免僵尸号。

  ④ 话题阅读数指看到带话题微博的人，所以要多转发扩散。

  ⑤ 用户单小时阅读话题的次数没有限制，但一个账号多次阅读同一话题只算一次。

总体来说，热门话题是根据该话题的转发、点赞量和微博发布时间等因素，计算出热度基数，然后和热度权重进行运算得出最终热度值。所以想要让话题成为热门，就要想办法提升话题的转发、点赞数量。因此，主要可以从话题的选择方面入手。

话题想要成为热门，首先话题本身只有具备讨论度，能够快速形成热点，才能够在短时间内聚集人气，吸引大批用户关注。通过对大量热门话题的观察我们发现，下面几个类型的话题很容易引起大家的讨论，具体如下所述。

1）节日型热点

每个固定的节日都会引起讨论，例如春节、圣诞节和国庆节等。我们要懂得在这些节日运用发散思维，引出新颖的、具有讨论性的话题。

范例借鉴

以中秋节为例，中秋节作为中心制作话题，可以从下面几点来考虑。

（1）中秋节历史，将话题结合历史文化传承，升华话题的中心。

（2）中秋节月饼，月饼是中秋节不可或缺的食物，所以其本身具有较高讨论度，包括月饼的口味、月饼的卫生安全、月饼的价格以及月饼的创意等。

（3）寄托思念，将话题提升至对亲人、朋友以及爱人的思念，以情动人，引发讨论。

（4）明星与中秋节，明星自带流量和关注度，如果能够将明星与中秋节结合，自然能使话题得到关注。

（5）出行安全，中秋节的到来意味着大量的人会出游或回家探亲，提前将话题与中秋节出行安全或出行指南挂钩，以实用的解决方法来吸引用户的关注。

2）明星八卦类话题

明星一直得到人们的广泛关注，而同时围绕在明星身边的话题也能够快速聚集人气，因为人们总是对明星的各类话题充满好奇和探知欲，所以我们制作的话题如果能与明星产生联系，必然可以得到较高的关注度。

3）社会现象型话题

社会现象型话题也很容易被引爆，引起广泛讨论，但这种社会性话题需要具有代表性，能够引发大家对该类现象的讨论，所以往往需要以一些极端的社会要闻作为话题，例如校园裸贷、连环杀人案等。但是需要注意的是，讨论这类话题时需要对其具有客观、公正的态度。

4）生活类话题

生活类的话题距离人们日常生活较近，利用话题可以快速与用户产生亲切感，用户对这一类的话题往往也有较高的发言权，例如"猪肉涨价""住房限购"以及"垃圾分类"等。所以这一类话题很容易发酵成为热门话题。

5）会议、赛事类话题

一些重大的会议、赛事也能够成为热门话题，因为这些重大的会议、赛事本身就具备了较高的关注度，甚至积累了大量的粉丝，例如NBA赛事等。所以与此相关的话题很容易受到关注。

6）热播的电视剧、电影话题

热播的电视剧、电影本身积累了大量的观众粉丝，尤其是一些对结局意见不同的粉丝，他们对电视剧、电影本身具有较高的感受。所以发起相关话题能够给他们一个发泄的出口，也能够为话题快速积聚人气。

8.1.4 微博"直播"拉近距离

直播营销在今天已经不是一个新鲜的事情了，同时也有越来越多的普通人通过直播传播各类信息，这说明直播营销的方式也越来越受到人们的认可。微博中也提供了直播功能"直播"，通过直播可以与粉丝直接互动聊天，增进与粉丝之间的互动。

微博进入直播的方法非常简单，以手机端为例，登录微博账号，点击下方的"发现"按钮，如8-8左图所示。

进入发现界面，在界面中点击"直播"应用图标，进入直播界面，如8-8右图所示。

第 8 章 微博社群，高覆盖率的营销平台

图 8-8 进入直播界面

页面自动跳转至"热门"直播界面，在该界面中可以按照上方的筛选条件，查看一些热门的直播。点击页面下方的"开播"按钮，则可进入直播页面开始直播，如图 8-9 所示（注意，用户需要经过身份验证才可以发起直播）。

图 8-9 发起直播

可以看到，微博直播的操作非常简单便捷，便于营销人员快速上手，这也是直播营销成为流行趋势的原因之一。另外，直播营销是在互联网基础上建立起来的一种新型的网络营销模式，它具有其他营销方式不能与之媲美的优势，具体如表8-1所示。

表8-1 直播营销的优势

优 势	具 体 介 绍
不受地域限制	直播利用互联网的特性，将产品的受众对象扩展至全球范围，只要用户进入直播频道观看直播，就能快速了解产品或服务
产品或服务展示更直观	直播通过视频连线的方式向用户展示产品或服务，用户可以更直观全面地查看到产品的内容或服务的特点。另外，在展示的过程中营销人员可以直接解释用户对产品存在的疑惑，从而快速促进产品的成交
实时的互动，增加用户的感知	直播的特点在于主播与用户之间存在的实时互动性，通过这些互动，营销人员可以快速了解目标用户内心的真实想法，包括想要的色彩、款式、性能和优惠力度等
目标用户定位，营销更精准	直播可以精准地定位目标用户群体，使营销可以更精准
移动端接入，更符合用户上网特性	用户可以通过手机直接观看直播，这样一来，用户不管是在上班途中，还是在休闲时，都可以随时观看直播，极大地方便了用户
传播范围广，便于二次传播	直播以录制视频的方式进行，直播结束后视频仍然存在，便于用户再次查看，或其他用户的浏览回看。这样的视频直播方式便于产品或服务的二次营销

实质上直播营销的说法比较笼统，根据营销目的的不同，直播的方式也不可以进一步进行划分，营销的效果自然也不尽相同。直播营销的方式主要有以下几种。

1）直播+电商

"直播+电商"的直播方式，属于比较常见的一种直播方式，流行于各种网络店铺中。店铺中的销售人员可以开通直播频道，在直播中展示商铺内的商品，例如服装、首饰和鞋帽等。

2）直播+发布会

"直播+发布会"的直播方式，比较常见于一些科技行业，例如手机等，他们的新品发布会以直播的方式进行，可以吸引更多用户的关注，并且利用微博平台将这些用户的关注变现。

3）直播+互动

"直播+互动"的直播方式有别于一般的直播方式，虽然我们在直播中常常会看到营销人员与用户互动的情况，但是"直播+互动"的直播方式是以与用户之间的深度互动为主进行的直播。在整个直播过程中都以用户的体验、感受作为直播继续的前提。这样的直播方式一方面可以满足目标用户的好奇心理；另一方面也可以增进营销人员与目标用户之间的情感联系。

4）直播+内容

"直播+内容"的直播方式，即营销人员在直播中向用户介绍相关的知识技能，只有真正有效、实用性强的知识内容才能够吸引用户持续性的关注。该类直播方式比较适合培训课程类的知识讲解，并且这一类的直播通常需要付费观看。

5）直播+个人IP

直播已成为网红经济的一个有力出口，网络红人们通过自身的影响力聚集了大量的粉丝，而直播的方式提供给粉丝一个近距离接近网红的机会。例如"口红一哥"，前期在网络上集聚了大量的粉丝，随后在直播中为商家背书宣传，刺激销量。

6）直播+明星

"直播+明星"的方式与"直播+个人IP"的方式有点类似，都是利用自身的影响力，为商家站台宣传，吸引粉丝注意力，并将其转化变现，只不过该方式中多了明星的参与。在微博中我们常常会看到品牌商联合其代言人在特定时刻进行直播，吸引粉丝观看，并联合电商平台进行销售。

8.2 充分发挥粉丝的力量

微博粉丝是微博营销的基础,也是微博营销中最为重要的一个因素,没有粉丝的微博,其营销效果自然也就不会太好。因此,以微博作为社群营销的阵地,就要懂得充分发挥粉丝的作用。

8.2.1 快速增加微博的粉丝量

微博营销效果的高低很大程度上取决于粉丝数量的多少,以及粉丝质量的高低,这就要求我们在微博营销的前期要多多积累粉丝,以实现粉丝数量的不断增加。

网上常常会看到一些所谓的快速暴涨粉丝数量的方法,例如购买大量僵尸粉,虽然粉丝的数量得到了增加,但我们的最终目的在于粉丝的转化变现,僵尸粉显然是在做无用功。因此,粉丝数量的增加还是要利用微博本身来达到吸引粉丝的目的,这里介绍几种比较实用的提升粉丝数量的方法。

1)微博内容入手

微博虽然是"微"博客,但是其内容质量仍然不可小觑,如果发布的微博内容鲜明、原创性强,自然能够吸引大量的粉丝关注。现在的微博并不限制微博文字,用户可以积极发布优质的文章内容来吸引粉丝的关注。以微博内容提升粉丝数量可以从以下几个方面入手。

① 发表一些冷笑话精选。微博上信息丰富,用户很难逐一查看,但是面对有趣、短小的笑话微博,大部分用户都愿意花时间去浏览。所以可以在微博中多多发布一些有趣的、有意思的文字和图片,如果能结合时下热点,效果则更明显。

② 针对时下热点,发表一些自己的带有新颖观点的微博。新颖的观点能够让自己的微博在众多的微博中脱颖而出,并吸引有相同想法和观点的粉丝用户。

③ 高质量的原创微博体现为用户通过阅读微博能够获得些什么。不要期望

通过一些流水账如"吃饭、喝水"之类的微博来吸引粉丝，除非你本身是明星，否则很少有人对此感兴趣。

2）保持频繁的更新

微博营销需要保持较高的内容更新频率，如果微博内容更新过慢，那么后期用户对该微博账号的关注度就会降低，甚至可能出现取关的情况。但是如果我们每天积极地发布微博，就会发现几乎每天都会有粉丝前来关注。

3）二维码分享推广自己

微博提供了二维码功能，营销人员可以下载微博账号的二维码，然后将其放在其他渠道中进行宣传引流，从而增加微博粉丝数量。查看微博二维码时需要经过几个简单的步骤。

登录自己的微博账号，在界面的下方点击"我"按钮，进入"我"的个人简介界面，然后点击"扫一扫"按钮，如图8-10所示。

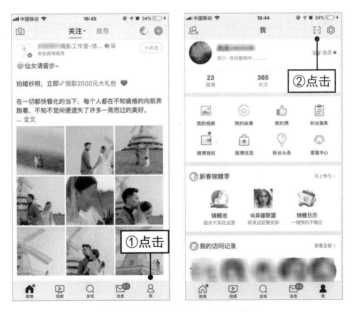

图8-10 点击"扫一扫"按钮

进入二维码扫码界面，在页面下方点击"我的名片"超链接，即可查看到自己的微博二维码，如图8-11所示。

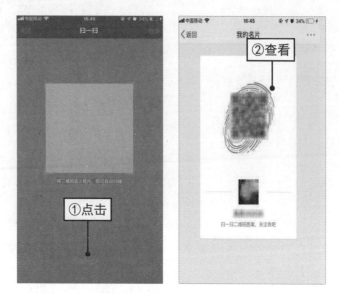

图 8-11　查看微博二维码

4）主动关注他人

主动关注其他微博用户也是一种有效的增粉方法，但是关注的对象需要是自己的目标群体，这样的关注才是有意义的。例如，营销人员销售的是美白类的护肤产品，那么关注的对象就应该是与产品本身相契合的微博用户，包括女性，年龄在 20～40 岁。关注了之后再向她们提供美白护肤这方面相关的信息，在帮助她们了解美白知识的同时，也达到了营销推广自己的目的。

5）标签定位自己

微博营销需要对自己有一个精准的定位，这一点与微信、QQ 相同，只有精准的定位才能方便目标群体的精准搜索。微博向用户提供了标签功能，方便营销人员完成微博的定位设定。

营销人员可以通过设置适合自己微博内容定位的标签来增加曝光率，这样，那些对相关标签感兴趣的人就有可能成为你的粉丝了。

当然，除了上述的一些常见做法外，在我们日常的生活和工作中，只要方便，都可以见缝插针地对我们的微博账号进行宣传推广，同样可以起到增长粉丝量的作用。

8.2.2 把握粉丝头条的优势

微博营销人员都希望自己发布的微博的阅读量、转发量和评论量得到提高，而粉丝头条可以对此起到流量扶持、增加博文曝光率的作用。所以对于优质的博文，营销人员可以借助粉丝头条来提升博文阅读量，完成营销推广。

粉丝头条即博文头条，是新浪微博官方推出的轻量级推广产品，某条微博使用粉丝头条后，在 24 小时内将出现在所有粉丝信息流的第一位，从而增加该条微博的阅读量，扩大博文的影响力。

粉丝头条操作简便。登录微博账号，点击"我"按钮，进入"我的个人简介"界面。在界面中点击"粉丝头条"按钮，进入粉丝头条广告界面，在界面中可以查看博文使用粉丝头条之后预估的阅读量增长倍数和预计购买后的阅读数，如图 8-12 所示。

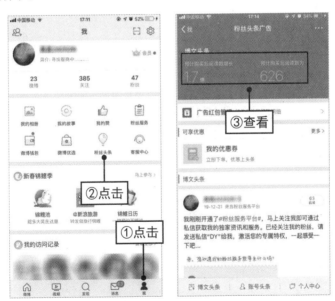

图 8-12 进入粉丝头条界面

在界面下方选择需要使用粉丝头条的一条微博，在博文的下方点击"立即上头条"按钮，进入博文头条广告界面。有时候界面会赠送优惠券，点击"立即使用"按钮即可，如图 8-13 所示。

图8-13　进入博文头条广告界面

随后选择好项目后,点击"去支付"按钮,完成支付即可,如图8-14所示。

图8-14　完成支付

从博文头条广告推广对象中可以看到,粉丝头条中提供了两个渠道:推广给我的粉丝和推广给更多用户。推广给我的粉丝,即将博文投放给关注"我"

的粉丝；推广给更多用户是将博文定向触达未关注"我"的其他用户，其中包括智能优选、指定账号粉丝的相似用户、内容定向和自定义（包含兴趣用户和指定商圈用户两类）4个部分，具体内容如下所述。

（1）**智能优选**：指平台向智能优选的 500+ 用户定向投放博文，如图 8-15 左图所示。

（2）**指定账号粉丝的相似用户**：指将博文投放给予添加粉丝特征相似的"大V"用户，如图 8-15 右图所示。

图 8-15　智能优选和指定账号粉丝的相似用户

（3）**内容定向**：指针对热词和词包进行定向选择，确定博文的受众范围。

（4）**自定义**：自定义即根据自己的需要自己设置博文定向覆盖的用户范围，但是这一功能具有权限，用户需要在平台完成资质认证之后才能使用。

（5）**兴趣用户**：指微博利用性别定向、地域定向以及兴趣定向等功能定位目标用户，再将博文定向推广至目标用户，如图 8-16 左图所示。微博大数据中心分析微博用户的兴趣爱好和行为习惯时，为保障精准度，通常针对一个用户只打上一个标签。因此我们在兴趣用户选择上，除了有直接关系的标签之外，还可以添加关联性的标签。例如服装行业，除了选择女装、包包和鞋饰之外，还可以添加减肥、美容和健身等标签。

（6）**指定商圈用户**：适用于有实体店的O2O类用户，可以根据商圈定向，触达店铺周边人群，完成到店转化，如图8-16右图所示。

图8-16　兴趣用户和指定商圈用户

从粉丝头条的推广范围可以看到，粉丝头条主要是对粉丝圈、潜在粉丝圈以及行业圈3个圈子进行推广覆盖，使博文的覆盖范围更广，营销效果更好。具体来看，粉丝头条营销主要具有以下几个特点。

① 费用的结算是根据粉丝的活跃程度以及投放行业粉丝的数量综合计费，选择范围广，自由度高。

② 粉丝头条的博文展示位置优越，更容易被查看。投放给自己的粉丝时，粉丝在投放期内刷新信息流时，会在首页置顶位展示，并带有"热门"或"粉丝头条"标识；投放给潜在粉丝扩大营销时，粉丝在投放期内刷新信息流时，会在首页置顶位展示，并带有"广告"或"大家都在看"标识。

③ 利用平台社交关系和兴趣标签的大数据算法，将推广信息精准地推广给更多的潜在用户，快速获取目标用户，从而扩大营销效果。

④ 可以借助大V的影响力提高粉丝的转化效果。

营销人员需要注意的是粉丝头条有展示规则，具体如下所述。

- "粉丝头条"只投放给粉丝，只有发布该微博账号的粉丝可见，不会展现给其他用户。
- 一次"粉条"推广对同一用户只会显示一次，用户看到过头条信息后再次刷新时，该条微博不会继续置顶，会随正常信息流滚动，不会对粉丝产生干扰情况。
- 有效期是24小时，即自使用"粉丝头条"之后的24小时内有置顶效果。

总体来说，粉丝头条是微博营销推广中的一个重要工具，不仅可以使博文置顶展示给粉丝，还可以通过人群定向、兴趣定向、指定账号和商圈定向等功能精准投放给更多的潜在粉丝，从而帮助运营者进行营销推广。

8.2.3 懂得激发粉丝的互动热情

在积累了一定的粉丝数量之后，许多营销人员会发现一个问题，发布的微博下方粉丝活跃度较低，评论、点赞以及转发量很少，显然这对于微博营销而言是不利的。因此，我们要懂得利用一系列的方法和手段来激发粉丝的互动热情，提高粉丝的活跃度，这样才能够加深营销人员的微博账号与粉丝的黏性。

微博营销中，激发粉丝的互动热情主要可通过微博博文来实现，下面介绍一些实用性较强的营销方法。

1）寻找一个能产生共鸣的话题

想要粉丝有互动，那么首先要让粉丝有具体的话题可聊，才能够就着话题引发大量粉丝的讨论互动，所以话题的底线在于粉丝对这个话题能产生共鸣，有话可说。一个人只有面对自己很喜欢或者很反感的事物时才会有情感表达的欲望，所以营销人员要懂得寻找一个能产生共鸣的话题。

范例借鉴

近年来，单身、不婚、催婚和晚婚等一系列问题困扰着许多 85 后、90 后甚至是 00 后。2020 年春节期间，许多未婚人士必然会面临家里长辈的催婚，此时某博主发布了一条关于"母胎 Solo"的博文，立即引起了大量粉丝的关注和讨论，如图 8-17 所示。

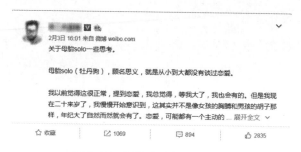

图 8-17　制造产生共鸣的话题

2）举办有奖活动

组织开展各种有益于身心健康的活动永远是吸引粉丝的一大利器，通过活动可以快速达到吸引新粉丝，增强粉丝互动和提高粉丝活跃度的目的。如图 8-18 所示是某营销号发布的关于举办有奖活动的博文。

图 8-18　举办有奖活动

如今，利用微博发起的活动主要有以下 4 种类型。

（1）有奖转发。

有奖转发是最常见，也是被采用最多的一种活动形式，粉丝们参与活动也非常简单，只要粉丝转发+评论+@好友就有机会中奖。因为参与方式简单，门槛较低，几乎所有粉丝都能够轻松参与，所以这样的活动一经开展，往往微博的互动率就能够得到明显的提升。

（2）有奖征集。

有奖征集往往是通过调动粉丝兴趣而开展的活动，需要粉丝具有极高的参与兴趣，例如征集广告创意、新品想法，征集短文或诗词等。为了充分调动粉丝参与的积极性，活动常常会伴以丰厚的奖品作为"诱导"。

（3）有奖竞猜。

有奖竞猜是一种新兴的活动形式，博主在微博中提问、粉丝回答，然后由博主揭晓答案，最后抽奖。其中包括猜图、猜文字、猜结果、猜价格以及猜谜底等。这类活动如果问题设置得巧妙，具有新意，往往能够吸引众多粉丝的自动转发。

（4）有奖调查。

有奖调查这一种活动类型，目前使用得比较少，主要是用于收集粉丝的意见和想法，一般不会直接以宣传或销售作为目的。具体方式是要求粉丝回答问题，并转发和回复微博，最后就可以有机会参与抽奖。

策划微博活动时要注意以下3个要点。

① 参与活动的难度不要过大，以便让更多的粉丝能够参与其中。

② 活动的规则要清晰说明，以免在活动后期引起不必要的纠纷。

③ 活动设置的奖品要具备吸引力，这样才能提高粉丝参与的兴趣。

3）知识技能性的博文

微博的内容如果能够为粉丝提供知识技能性的信息，让粉丝通过你的微博获取知识，那么该条微博的转发、评论和点赞量自然很高。知识的选择要结合粉丝的特性，如果粉丝大多数为职场白领，那么博文内容就应该以职场所需技能为主。如图8-19所示为某博主发布的一条关于Excel使用技巧的微博，引起了粉丝的积极互动，该条微博转发量达到了 4000+。

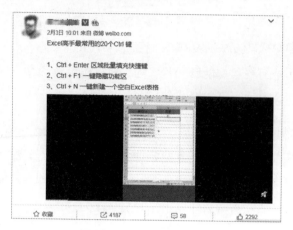

图 8-19　知识技能性博文

4）创建微博投票

微博投票是了解粉丝真实想法和观点的绝佳工具，同时也能大幅提高粉丝活跃度，增强与粉丝之间的互动。如图 8-20 所示为某博主发起组织的微博投票活动。

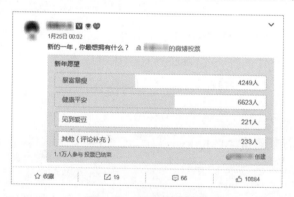

图 8-20　发起微博投票

从图 8-20 可以看到，该博主在新年到来之际发起的这轮微博投票活动吸引了 1.1 万人投票，得到了 1W+ 的点赞，说明粉丝的参与度较高。那么如何在微博中发起组织投票活动呢？

发布投票信息可以通过移动手机端和 PC 电脑端两个渠道实现，下面以电脑端为例做介绍。

第8章 微博社群，高覆盖率的营销平台

登录微博账号，进入微博首页，在微博发布框下方单击"..."按钮，如图 8-21 所示。

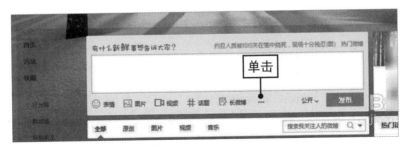

图 8-21　进入微博首页

在弹出的下拉菜单中选择"投票"选项，如图 8-22 所示。

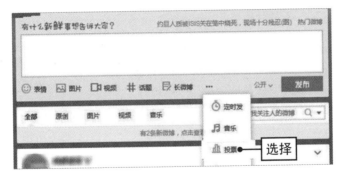

图 8-22　选择"投票"选项

选择发起投票的类型，如"发起文字投票"或"发起图片投票"，这里选择"发起文字投票"选项，如图 8-23 所示。

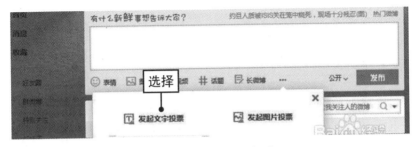

图 8-23　选择投票类型

进入投票标题和投票选项设置页面,按照页面提示编辑内容,完成后单击"发起"按钮,则完成微博投票的发起,如图 8-24 所示(打开高级设置,还可以为投票设置时间等信息)。

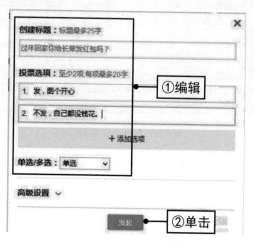

图 8-24 创建投票内容

参与投票的粉丝可以选择博文中的任意一个选项进行投票,发表自己的看法,还可以查看当前的票数情况,另外还可以分享该条微博至自己的微博中吸引更多的粉丝投票。

当然,除了上述介绍的增加粉丝互动的方法外,微博中还有很多方法可以提高粉丝的互动频率,营销人员一旦确定以微博作为营销推广的主战场,就必须细心专研,积极寻求各种各样的方法和途径来提高营销效果。

8.3 学会使用微博营销工具

除了微博平台提供的一些功能可以作用于营销之外,还可以借助一些软件工具帮助营销、分析或采集数据,从而大幅减轻微博营销的难度,助力运营。市面上适合微博营销的工具有很多,下面我们介绍一些实用性较强的工具。

8.3.1 微博营销内容类工具

微博营销最重要的是发布微博，吸引粉丝参与并与粉丝形成互动，因此，微博内容的发布尤为重要。但事实上，营销人员却因为微博内容而苦恼，一方面是找不到内容素材；另一方面是不知道什么样的内容才是粉丝希望看到的且热度高的内容。所以此时我们需要借助一些内容类的工具，帮助营销人员筛选优质的内容，获得灵感。

1）今日热榜

今日热榜是一个分类榜单工具，它向用户提供了各大主流网站的精细榜单和具体数据，包括微信、今日头条、百度、知乎、微博、贴吧、豆瓣、天涯、虎扑、Github 和抖音等，帮助运营人员追踪全网热点，快速捕捉热点信息。同时，这些热点信息可以在网页上直接查看，方便快捷。另外，细分站点的热点大多是 24 小时内的，比较特殊的是该工具允许用户设置自己的订阅内容。如图 8-25 所示为今日热榜的官网首页（https://tophub.today/）。

图 8-25　今日热榜首页

2）新榜

新榜是一个以内容作为产业的服务平台，在媒体行业中被广泛知晓，也是行业内认可度较高的一个榜单工具。新榜以榜单作为切入口，向众多500强企业、政府机构提供线上、线下数据产品服务，其中"号内搜""新榜认证"和"分钟级监测"等功能获得广泛应用。如图8-26所示为新榜官网首页（https://www.newrank.cn/）。

图8-26　新榜官网首页

值得一提的是，新榜的功能可分为两个部分，即免费和付费。

免费功能包括：①提供各平台，例如微信、微博和抖音等平台的各类榜单，还可以查看单个公众号的数据；②具有显示趋势的功能，用户输入关键词可以查看相关趋势；③提供"号内搜"，方便精细查找；④提供日榜、周榜、月榜等榜单数据，方便用户查看。而付费的功能则涵盖了数据服务、运营增长、内容营销和版权分发等方面。

3）清博大数据

清博大数据是一个全域覆盖的新媒体大数据平台，拥有清博指数、清博舆情和清博管家等多款核心产品，帮助营销运营。对于不同的主流平台，清博有不同的分析：对于微博，清博指数提供日榜和周榜，用户还可以选择日期查看当日榜单；对于微信，除了可以查看某个公众号近7天的阅读趋势，还可以查看该公众号30天内最火热的10篇文章。

除微信、微博外，清博指数还提供梨视频、B站、QQ和西瓜视频等平台的榜单，另外还提供舆情报告、数据报告和热点订阅等服务。如图8-27所示

第 8 章 微博社群，高覆盖率的营销平台

为清博大数据的官网首页（http://www.gsdata.cn/index.php/site/）。

图 8-27　清博大数据的官网首页

4）皮皮时光机

皮皮时光机是一款第三方微博内容管理工具，通过皮皮时光机可以实现定时发布微博、定时转发新浪微博、微博互动、多人协同管理微博、个性化设置和发送记录等功能，同时还提供了强大的微博内容库资源供使用。

简单来说，它可以将编辑好的博文、图片、视频和音乐等微博内容定时发送，一天 24 小时不分时段、不分地点发布微博，同时，还可以定时转发某个人的微博。如图 8-28 所示为皮皮时光机官网首页（http://t.pp.cc/）。

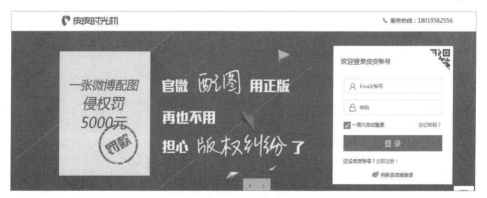

图 8-28　皮皮时光机官网首页

5）集微库—微博采集工具箱

集微库—微博采集工具箱是集搜客 GooSeeker 在 2016 年新上线的数据挖掘软件。通过集微库中的微博话题广场讨论采集工具，营销人员可以快速采集热点咨讯，且不需要掌握复杂的爬虫技术，添加采集任务，启动即可完成。采集的内容包括话题信息和博文列表，可轻松查看转发、点赞和评论。另外，采集到的内容可以根据需要下载导出，方便后期使用。如图 8-29 所示为集微库—微博采集工具箱的官网首页（http://www.gooseeker.com/land/weibo.html）。

图 8-29　集微库 - 微博采集工具箱

8.3.2　微博运营分析工具

微博运营除了跟踪热点、编辑热点博文内容外，还要学会掌握一定的微博数据分析技能，以便实时掌握微博当前的状态，及时对博文内容作出调整和改进。微博数据分析包括微博账号数据情况分析和单条微博发文情况数据分析，为了得到准确的分析结果，我们不得不借助一些微博数据分析工具。

1）微数据

微数据功能是新浪微博平台官方提供的一款个人数据产品，通过该数据分析工具，用户可明确微博账户中的"粉丝""关注""博文"以及"影响力"的数据分析结果，还能够全面了解账号中的粉丝性质、关注人数性质以及原创帖子热门程度，综合反映出该账号的影响力情况。如图8-30所示为微数据首页（https://data.weibo.com）。

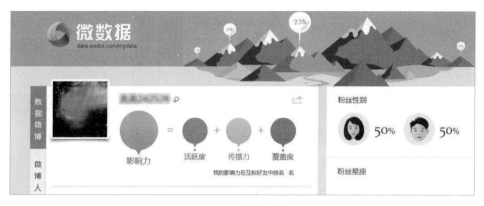

图8-30　微数据首页

2）知微传播分析

知微传播分析功能可以对单条微博的传播路径进行精准刻画，为用户提供可视化的微博传播路径图，并对传播中的关键人物做深入分析，对转发粉丝的属性情况、微博的传播层级比例以及微博分容等进行分析。如图8-31所示为知微传播微博分析页面（http://www.weiboreach.com/）。

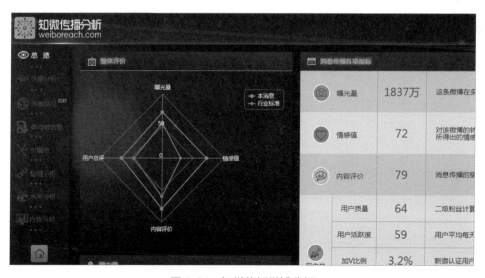

图8-31　知微传播微博分析

3）粉丝管理大师

微博运营还包括对粉丝的运营管理，但是微博粉丝众多，很难一一对其进行管理。此时，可以借助粉丝管理大师，它是一款在线微博粉丝管理工具，能对用户的粉丝进行方便的管理、批量取消收听、查看互粉和删除僵尸粉等操作。如图 8-32 所示为粉丝管理大师首页（http://fansmanage.sinaapp.com/）。

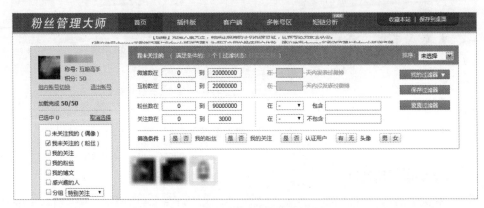

图 8-32　粉丝管理大师首页

短视频,一条新兴的社群营销渠道

第9章

和传统的图文传播渠道相比,短视频营销作为一条新兴的营销渠道,虽然时间不长,但因其具备时间短、轻量化、信息量大、表现力强和直观性好的特点,强势占领了营销高地。此外,短视频是结合了弹幕、评论、分享和点赞的社交互动方式,使其具备了传播的潜力,所以短视频是一条不可忽视的社群营销渠道。

- ▶ 以产品为中心,聚焦产品
- ▶ 单刀直入,直接展示产品
- ▶ 场景打造,巧妙加入产品
  ……
- ▶ 以内容为中心,重视视频观感
- ▶ 周边产品融入,提升效果
- ▶ 深入挖掘产品功能,扩大客户范围

9.1 抖音短视频的玩法介绍

市面上的短视频软件有很多,例如火山小视频、快手、小咖秀、美拍、抖音以及微视等,大多数视频软件的玩法都类似,下面我们以热门的抖音视频为例介绍短视频的营销玩法。

短视频营销强调的一个重点在于"短",即短时间内要准确表达出视频的内容,还要在短时间内快速吸引用户的眼光和兴趣,并引导其继续观看下去。这样"短"的快速思维非常适合如今人们的快节奏生活,用户利用碎片化时间可以快速了解想要获取的信息,也可以快速筛除不必要的信息。

这就需要营运人员必须瞄准目标用户的痛点,通过视频快速展现出内容。从短视频营销拍摄的内容来看,短视频主要可分为两种玩法:①视频以产品为中心,视频以介绍产品为主,做介绍推广;②以视频本身内容为中心,吸引更多的粉丝观看,下面来一一介绍。

9.1.1 以产品为中心,聚焦产品

以产品为中心的短视频营销,其目的性较强,用户观看视频时一眼便能明白这是广告,所以想要这类视频不被用户反感、厌恶,需要做到以下4点。

①保证产品的真实性和安全性。

②不过分夸张产品效果或有意隐瞒重要产品信息。

③符合国家广告法的相关规定。

④视频内容不包含非法内容。

以产品为中心的短视频主要包括4种,即爆款推荐、功能介绍、用户体验以及明星推荐。

1)爆款推荐型短视频营销

爆款推荐型的短视频营销是指产品本身已经具备了较高人气,营运人员在

视频中推荐这些爆款产品,可以凭借产品本身为自己聚合粉丝,积累人气。通常这样的短视频营销以测评为主。如图9-1所示为口红推荐视频。

图 9-1　口红推荐视频

口红是女生最不可或缺的美妆产品之一,也是女生中永远的高人气话题产品,博主以口红推荐作为视频的介入点,为粉丝推荐各类实用的口红好物,一方面利用口红品牌自身的品牌效应为自己提升了人气,另一方面以自己实际使用情况作为推荐的理由为粉丝排雷,赢得了粉丝的好感。该条视频为博主赢得了 22.1 万的点赞,3000+ 的评论和 6000+ 的转发。

2)功能介绍型短视频营销

功能介绍型短视频营销是品牌电商比较常用的一种营销推广方式,通常这些商品属于新品,或是在功能特性上具有一定的特点。以传统图文的方式介绍产品可能会影响营销推广的效果,但是以视频的形式推广就可以在短时间内快速、清晰地向潜在目标客户表达出产品的特点。而且平台还提供了商品链接,帮助实现粉丝变现。功能介绍型短视频营销比较常用于科技类的商品。

如图 9-2 所示为某自动断电手机充电器的营销短视频。

图 9-2　某自动断电手机充电器的短视频

可以看到，视频内容以产品功能展示为主，简单直白且快速地向用户介绍该款产品具备的特点和功能，以激发粉丝的购买欲。点击视频页面中的"自动断电充电器"购物车链接，即可跳转至购物页面。在页面中点击"卷后￥22.5"超链接，即可跳转至手机淘宝页面购买产品，如图 9-3 所示。

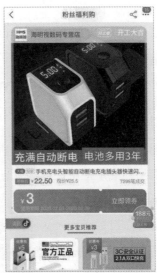

图 9-3　购买自动断电手机充电器

第 9 章 短视频,一条新兴的社群营销渠道

3)用户体验型短视频营销

用户体验型短视频营销指的是博主站在用户的角度亲自体验各类产品或服务,然后将自己的所见、所闻、所感发表在视频中,以吸引粉丝的观看浏览。这类视频以旅游或酒店体验为主,目的在于宣传当地美食、旅游景区或酒店服务。因为人们工作繁忙,空闲时间少,自己出去旅游闲逛的机会较少,所以这类视频能让浏览者感觉轻松,也能够帮助用户做功课、积累攻略经验,为日后旅游出行做准备。如图 9-4 所示为某博主的旅游短视频。

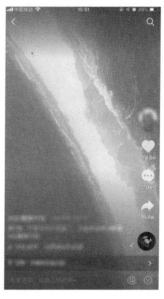

图 9-4 旅游短视频

从图 9-4 可以看到,视频主要以博主旅游时所见的风景为主,画面清晰、干净、简洁,通过视频能够清楚地感受到海滩风情,让人心情愉悦,心生向往。该条视频也为博主积累了 178.8W 点赞、7W 评论和 15.5W 高转发量,聚集了大量的人气。

4)明星推荐类短视频营销

明星永远是人气聚集的利器,在短视频营销中也是如此。如果品牌商能够找到明星为自己的产品拍摄短视频,则可以快速为产品聚集人气,打开市场。

这也是短视频营销中比较常用的一种营销方式。如图 9-5 所示为明星为某面膜品牌做宣传的短视频。

图 9-5　明星面膜推荐

在短短的 60 秒视频内，有多个明星为该品牌的面膜做推荐介绍，也为该款面膜积累了大量的人气。明星推荐是一种见效较快的营销推广方式，但是因为明星推荐费用较高，所以一般比较适合自身经济实力较强的大品牌商。

9.1.2　以内容为中心，重视视频观感

以内容为中心的短视频与以产品为中心的短视频不同，它不是直接向粉丝用户推荐产品做营销，而是做视频、做内容，慢慢积累人气，然后再进行粉丝的转化变现。这是一个循序渐进的过程，虽然时间相对较长，但是以这样的方式积累而来的粉丝，其忠诚度更高。

以内容为中心的短视频，简单来说就是以粉丝用户观看视频时的感受作为出发点，尽可能地拍摄出粉丝最想要看的内容。这样的视频类型有很多，具体如下所述。

1）电影、电视剧解说类短视频

电影、电视剧解说类短视频是新兴的一种短视频形式，一部电影两个小时左右，一部电视剧的时间则更长，但短视频在几分钟的时间内就可以快速向粉丝介绍电影或电视剧的主要内容和剧情，并就电影、电视剧的情节内容与粉丝展开讨论、吐槽，为粉丝推荐精彩的电影、电视剧。如图9-6所示为某博主发布的电影解说短视频。

图9-6 电影解说短视频

电影、电视剧解说类短视频重点在于影片的选择和解说的质量。首先，在影片的选择上，可以是热门的、冷门的、评分高的、评分低的、动作的和喜剧的等，不同的影片可以吸引不同的粉丝，但是如果选择的影片质量较差，也会引起粉丝的反感，提不起兴趣。

另外，解说的质量也是这一类短视频人气高低的重要影响因素，好的解说应该从不同的角度对影片进行分析，说出自己的感受和观点，让人感受到新颖。同时，解说时要注意语气、神态等，这也能直接决定该视频是否被继续观看。

2）戏精类短视频

戏精类短视频是时下最热门的短视频形式之一。戏精类短视频指博主自制小剧场，编写剧本，安排演员进行表演。演员们表情夸张、故事情节荒诞搞笑，视频内容轻松、诙谐、有趣，令人捧腹大笑，所以这类视频一经发布总是能够快速吸引大量粉丝。如图9-7所示为某博主发布的戏精类短视频。

图 9-7　戏精类短视频

戏精类短视频实际上是将生活中有趣的场景、事物和事件进行放大、夸张，并有一定的哲理性，让人们在观看爆笑之余引起思考。所以戏精类的视频不能刻意为了搞笑而搞笑，这样获取的流量和关注只是暂时的。只有真正有内容、有价值的视频才能吸引粉丝长期性的关注。

3）特效类短视频

特效类短视频是指采用软件技术制作出精美的特效，给人耳目一新的感觉。特效类的短视频包括两类：一类是抖音平台提供的拍摄特效，可以在拍摄时直接为用户添加各种各样的特效，为视频增添乐趣；一类则是通过其他软件技术制作的酷炫特效，发布在抖音平台上，吸引粉丝用户的关注，但是这一类短视频在技术层面上要求很高。如图9-8所示为两类特效的展示。

第 9 章 短视频,一条新兴的社群营销渠道

图 9-8 特效类短视频

4)萌宠类短视频

可爱、软萌的宠物也是圈粉利器,如果营销人员能够拍摄到宠物可爱、呆萌的一面,并制作出精美的视频,必然可以达到快速圈粉的目的。该类视频的关键在于对宠物状态的捕捉。如图 9-9 所示为萌宠类短视频。

图 9-9 萌宠类短视频

5）才艺类短视频

才艺类短视频主要在视频中展示一些个人特长吸引粉丝关注，才艺的范围比较广泛，可以是唱歌、跳舞以及游戏竞技等。如图9-10所示为才艺类短视频。

图9-10　才艺类短视频

6）美食类短视频

美食类短视频在各大平台中都比较常见，说明美食类的视频人气较高，关注度也很高。另外，虽然这一类视频较多，但是只要视频中的美食具有特色，也能够俘获大量的吃货粉丝。如图9-11所示为美食类短视频。

图9-11　美食类短视频

第 9 章　短视频，一条新兴的社群营销渠道

当然，除了上述比较常见的这些热门短视频内容形式外，还有其他同样能够快速吸粉的视频内容，例如街头访问、视频教学以及聊天室等。但是，不管以何种形式作为视频拍摄的内容，都是以观众的观看体验为基础，以便能制作出能够吸引粉丝的视频。

9.2　短视频营销的常用技巧

短视频营销除了在拍摄内容上注意方法和形式外，在营销技巧上也有一定的诀窍，掌握这些诀窍能够增强短视频营销的效果。

9.2.1　单刀直入，直接展示产品

短视频的时间短暂而有限，想要在短短的十几秒内让用户对视频产生兴趣，就需要在视频中快速展现亮点。因此，如果产品本身就具备了优势特点或话题性，能够起到吸引粉丝的作用，则可以用单刀直入的方式，在视频中直接进行产品重点展示，从而激发用户的购买欲。如图 9-12 所示为单刀直入型短视频。

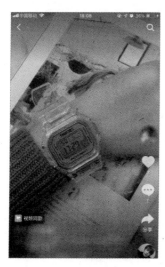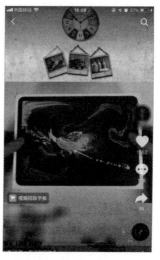

图 9-12　单刀直入地展示产品

9.2.2 周边产品融入,提升效果

短视频营销中,除了直接展示产品之外,侧面表现、烘托展示产品,提升产品品质,也是一个重要的营销手段。简单来说,就是在视频中如果对产品进行单一展示,效果比较单调时,可以适当融入一些周边相关联的产品,使视频内容可以表现得更丰富,效果也能得到明显的提升。

以服装类产品为例,如果单一展现服装可能效果不太明显,很难激发粉丝的购买欲。此时,可以配合服装款式适当搭配一些首饰、箱包,或者是帽子之类的产品,使服装的整体效果更优越。如图9-13所示为周边产品融入之后的产品展示短视频。

图9-13 周边产品融入

9.2.3 场景打造,巧妙加入产品

做短视频营销时,尤其是针对特殊场景下的产品或服务时,为了能够直观、全面地展现产品或服务的特点,也为了能够引起用户的兴趣,我们需要打造出一个特定的场景,让产品或服务具体化,从而增强产品的说服力。

场景打造可分为两种类型，一种是营造与产品直接相关的环境，将产品制作过程或制作的场景直接展示出来，让用户对产品的质量、安全性及过程放心。如图9-14所示为直接场景展示短视频。

图9-14 相关环境营造

另一种是为产品打造一个固定的场景，将用户对产品的原有想象以具体、形象的方式展示出来。例如床单、被套类产品，就应先打造一个温馨的卧室环境，如图9-15所示。

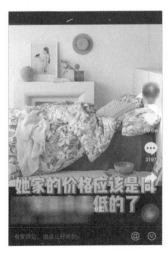

图9-15 固定场景打造

9.2.4 深入挖掘产品功能，扩大客户范围

不同的产品针对的目标客户群体不同，但是如果我们能够深入地发掘出同一款产品的不同功能，就能够在为客户提升惊喜感的同时，还能另外开发出不同需求的客户群体，从而达到扩大目标客户范围的目的。

所以，短视频营销就需要在有限的短时间内从多个方面来全面展示产品的功能和特色。

范例借鉴

以如图 9-16 所示的时钟短视频为例，在短短 15 秒的视频时间内，展示了时钟的多样功能，包括收音机、手机支架、广播、蓝牙音响以及温度计，大幅提升了时钟的功能性，使时钟更具吸引力。

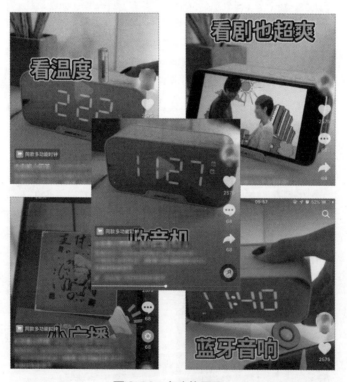

图 9-16　多功能展示

9.3 争取平台的热门推荐

短视频营销的每一个运营人员都希望能够获得平台的热门推荐,以便让自己的视频得到更多的流量支持,吸引更多粉丝的注意力。但是,每个平台的热门推荐都有自己的规则,运营者只有在满足条件的情况下才能得到平台的支持,所以我们首先要了解平台的推荐制度,然后再积极争取平台的热门推荐。下面以抖音为例,介绍其热门推荐机制。

9.3.1 了解抖音热门推荐机制

抖音与微信公众号或微博等平台最大的不同之处在于流量分配,在微信公众号或微博等平台,运营者发布信息的前提是要积累大量的粉丝,然后平台将信息推送至每一位粉丝。

而抖音则不同,抖音的流量是去中心化的,即用户即使没有粉丝,他发布的视频内容不管优劣都能获得一定的播放量,几十到上千都有可能。随着视频的传播,用户观看视频产生数据,平台再综合推算,选出优质视频进入热门推荐。

从抖音的流量分配情况可以看出,视频在平台需要经历3个阶段,包括初级视频智能分发、视频发酵叠加推荐和热门视频加权推荐。

1)第一阶段:初级视频智能分发基础流量

当一个新的视频传送至抖音平台,平台通过内容和数据比对,判断该视频为新视频,然后就会为新视频智能分发一定的基础流量,分发的流量以附近和关注为主,再结合抖音用户的用户标签和内容标签进行实际分发。

营运人员要珍惜该阶段的流量池机会,用优质的视频内容使作品在该流量池中有一个突出的表现,具体体现为视频的点赞量、评论量以及转发量数据较高,那么视频才有机会持续性地被叠加推荐。

2)第二阶段:视频发酵叠加推荐

视频经过一段时间的播放,如果表现优异,获得较高人气,就可以进入叠加推荐阶段。叠加推荐是以视频内容的综合表现情况作为是否推荐的评估标准,具体包括如表 9-1 所示的数据情况。

表 9-1　叠加视频的评估标准

评估标准	具 体 介 绍
视频的点赞量	点赞指视频页面右侧的爱心按钮,点击该按钮(或双击屏幕)就能将视频收藏至用户的喜欢列表。视频获得的点赞量越多,说明视频越受到用户的喜欢
视频的评论量	评论指用户观看视频时对视频的评价和讨论,如果视频获得的评论量高,说明该视频受到的关注度较高。因此,营运人员不要轻易删除视频评论
视频的转发量	转发指观看视频的用户将视频转发至自己的动态或其他平台中,只有好的内容才能得到大家的转发。另外,视频的转发也能为我们获得精准的流量
视频的完整播放率	如果视频本身只有 15 秒,但是大部分用户只看了 5 秒左右就关闭了,则说明视频内容不能有效吸引浏览者
视频的关注量	好的视频内容能够帮助账号吸粉,如果视频播放量较高,但是却没有明显的粉丝增长,则说明该视频对粉丝缺乏吸引力

各项数据所占权重不同,以点赞、转发和评论为例,通常转发权重＞评论权重＞点赞权重。另外,一条热门视频的热度最多持续一周,除非有大量用户模仿跟拍,因此还需要稳定的内容更新机制和持续输出爆款的能力,才能维持视频的热度。

3)第三阶段:热门视频加权推荐

经过叠加推荐后的优质视频,平台会将视频推送至更高的流量池,这也是很多视频突然爆火上热门的原因。平台会挖掘数据库中的"优质视频"并给予它更多的曝光机会,使其得到更多的"引爆"机会。

综上所述,在抖音短视频做营销,视频内容质量比粉丝更重要,只有优质的视频内容才可能获得更多的粉丝和流量。

9.3.2 抖音两大视频审核检测渠道

每一条视频上传至抖音都会经过平台的审核检测，只有审核通过的视频才能够成功发布在平台上。抖音有两大视频审核检测渠道，即机器检测和人工检测。

1）抖音机器审核

机器审核是指视频上传至平台后，进入视频审核状态，机器自动比对视频中的标题和内容，看是否存在非法或违规内容。一旦机器评判内容违规，则该视频不被通过。

2）抖音人工审核

机器审核是初级审核，人工审核是进一步对视频进行审核，主要是对一些机器无法精准审核判断的视频内容进行审核。

审核机制中审核的内容主要包括下列几点，如图 9-17 所示。

视频标题

视频标题的审核主要包括两个方面的内容：
①审核标题中是否含有敏感信息，是否存在冒用他人名义的情况，以及是否存在低俗不雅的内容。
②审核标题中是否存在电话号码、网站链接以及微信号等联系方式。

视频内容

视频内容的审核主要包括3个方面的内容：
①视频内容是否存在非法内容，例如黄、赌、毒等信息。
②视频内容中是否存在非法外部链接、电话以及二维码等信息。
③视频内容中是否存在敏感信息。

视频形式

视频形式的审核主要包括3个方面的内容：
①低质量的营销硬广。
②恶意的推广视频。
③其他形式的非法视频形式。

图 9-17 抖音人工审核的视频内容

对于审核不通过的视频，处理方式通常有以下4种。

（1）**删除视频**。这是最为严厉的处理方式之一，如果视频出现严重违规的情况可能会遇到且可能存在永久封号的风险。

（2）**仅自己可见**。即发布的视频只能自己查看，粉丝不能观看。

（3）**仅粉丝可见**。即只有自己和粉丝能够查看，其他用户不能观看，通常针对的是一些内容重复性高的视频。

（4）**低流量推荐**。低流量推荐是指平台分配较低流量，只有少部分人能看到视频，主要是针对一些清晰度较低或内容质量较差的视频。

9.3.3 抖音视频质量检测机制

平台除了对视频的内容进行审核，查看其是否存在非法、违规的信息之外，还会对视频本身的质量进行审核，以便筛除一些低质量的视频。这里主要介绍的是抖音平台的消重机制。

消重机制，即指系统会对平台中一些重复性的视频内容进行鉴别，并进行删除处理。消重机制对平台而言非常重要，所以平台的消重机制非常严格，具体有以下3点内容。

①消重机制能够优化平台的视频质量，为原创视频提供更多的流量，给予更多的曝光机会。

②鼓励原创，抑制抄袭、复制和搬运等情况的发生。

③消重机制能够优化用户体验，避免用户反复查看同质化的视频。

平台的消重机制主要包括3个方面的内容。

1）对视频标题消重

即对新视频的标题与平台视频库中的标题进行比对，将相似度极高的视频内容剔除。

2）对视频相似主题消重

追踪热点是媒体人常见的行为特点，但是对同一热点进行反复的追踪、发布和更新，会降低用户的观看体验。所以对于相似主题的视频，有几条就够了，对于后面的相似视频会适当消重。

3）对视频内容消重

平台会对新视频的内容与视频库中的视频进行比对，对于相似度较高的内容，系统会判定重复，从而对视频进行消重处理。平台会自动从具有同样信息内容的视频中挑选最优的视频推荐到用户的信息流，而剩下的相同内容的视频就几乎不可能再获得推荐了。

9.4 不得不掌握的短视频拍摄与剪辑方法

短视频营销离不开视频的拍摄，这就要求营运人员必须掌握一定的短视频拍摄与剪辑技巧，只有如此才能提高视频的拍摄质量。虽然我们无法成为专业的视频拍摄、剪辑人员，但是只要我们掌握了一定的方法、技巧，同样也能轻松地制作出精美的视频。

9.4.1 视频拍摄工具选择

工欲善其事，必先利其器，视频拍摄也是如此。为了能够拍摄出高清、精美的视频，我们需要选择一款优质的拍摄工具。市面上的拍摄工具有很多，不同的拍摄工具有不同的优势，适合不同的场景，我们需要从中选择出最适合自己的工具。下面介绍一些实用性较强的视频拍摄工具。

1）智能手机

智能手机是当前大部分人都拥有的通信工具，也是人们接触最多的一种数码产品，并且如今的智能手机在一定程度上已经可以充分满足用户的视频拍摄需求了。

首先，我们接触手机较多，比较熟悉，并且手机操作简单，手指触摸控制焦点、曝光和拍摄等操作项目，很容易上手，不用过多学习摄像知识也能完成拍摄。再者，手机可以方便地通过内置APP软件对视频进行简单剪辑、调色和特效处理，节省后期制作时间。

此外，除了使用手机自带的相机功能之外，用户还可以下载第三方相机软件，优化视频拍摄效果，例如美颜、美拍、无他相机和轻颜相机等。不过，短视频平台也自带有拍摄功能，以抖音为例，在平台中可以直接拍摄短视频。

打开抖音软件，点击页面下方的"+"按钮，进入视频拍摄页面，点击红色的拍摄按钮，即可开始视频拍摄，如图9-18所示。还可以直接利用页面中的"选择音乐"功能为视频添加音乐，利用页面右侧的"翻转""快慢速""滤镜"以及下方的"道具"等功能，对视频进行优化处理。

图9-18　抖音软件中的视频拍摄功能

2）家用DV摄像机

家用DV摄像机在拍摄方面比手机更专业，且具有业务级摄像机的大范围变焦能力，可实现手机无法实现的光学变焦。同时，家用DV摄像机又没有专业摄影机那么多的手动操作按键，缺乏专业知识的普通人士也能够快速上手。

3）单反相机

单反相机可以拆卸和更换镜头，利用不同的焦距镜头为视频带来不同画面的景别、景深及透视变化，从而制作出更专业的视频。但是这类单反相机的价格比较昂贵。

总体来说，对于一般的短视频拍摄，手机基本可以满足拍摄的基础需求，但是如果想要拍摄出更精致、更专业的视频，且经济条件允许，则可以利用家用DV摄像机或单反相机来实现。

9.4.2 认识不同的视频拍摄视角

角度是视频拍摄中表达视频内容的重要方法之一，不同的角度能够为用户带来不同的观看体验，所以拍摄视频时我们要认识不同的视频拍摄视角。

拍摄视角也可以称为"摄影角度""镜头角度""拍摄角度"或"机位角度"等，即摄影机以一定角度记录场景或物体。根据摄影机与被拍摄物的位置和角度的不同，可以划分为多种拍摄视角。如图9-19所示为各种拍摄位置。

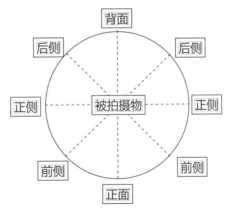

图 9-19 拍摄位置的方向

从图中相机与拍摄物的位置来看，拍摄的角度包括3个。

1）正面拍摄

正面拍摄，即拍摄物位于相机的正前方，相机能够清晰、完整地拍摄出被拍摄物的正面特征。在进行人物拍摄时，能够清晰、完整地看到被拍摄人员的面部特征和表情动作，能够增加观看者的参与感和亲切感。但是缺点在于正面拍摄致使画面过于平面，缺乏立体感，从而缺乏生气。

2）背面拍摄

背面拍摄即在被拍摄物的背面进行拍摄。在背面方向拍摄，画面所表现的视向可与被摄对象的视向一致，使观众与被摄对象有同一视线的主观效果。如果是拍人物，那么被摄人物所看到的空间和景物也是观众所看到的空间和景物，能给人以强烈的主观参与感。

3）侧面拍摄

侧面拍摄即在被拍摄物的侧方位进行拍摄，侧面拍摄又可分为正侧方向和斜侧方向。正侧面方向拍摄即常说的正左方和正右方拍摄，这样有利于表现被摄物体的运动姿势和外沿轮廓，且正侧方拍摄人物对话时，能够清楚地展示人物的位置，周全地照顾被拍摄的角度。缺点在于不能够表现空间的立体性。

斜侧面方向为常说的右前方、左前方、右后方和左后方，斜侧方向拍摄既利于安排主体和陪体，又有利于调度和取景。

除了上述介绍的 3 个角度之外，还有俯拍视角，即摄像机在被拍摄物的上方向下拍摄。俯拍能够清晰地拍摄出被拍摄物所处的环境位置，准确地表现出周遭环境，缺点在于俯拍可使被拍摄物被镜头压缩减小。

另外，被拍摄物与摄影机之间的垂直高度如果不同，也会形成不同的拍摄角度，包括俯角、平角和仰角，如图 9-20 所示。

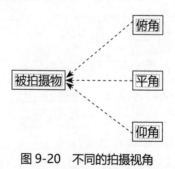

图 9-20　不同的拍摄视角

① 俯角，即指摄影机镜头视轴偏向水平线的下方向下拍摄被拍摄物。俯角的拍摄视角能使画面产生一种压迫感，也更能强调环境、空间与人物之间的关系。

② 平角，即指摄影机镜头视轴沿着水平方向拍摄被拍摄物。平角拍摄符合观众的正常视角，画面比较平稳，拍摄的内容也更客观。该类拍摄视角比较常规，使用范围也比较广泛，所以难以起到吸引观众眼球的作用。

③ 仰角，即指摄影机镜头视轴偏向水平线的上方向上拍摄被拍摄物。仰角拍摄能够表现出强烈的动态效果，也更突出画面中的人物运动状态。

综上所述，不同的拍摄视角在不同情境下具有不同的表达效果和意义，拍摄人员需要了解不同视角拍摄的优势和效果，再结合视频内容进行选择。

9.4.3 视频拍摄中常见的构图方法

拍照片之前需要对拍摄的画面进行构图，使画面整体上更和谐，主体表达更明确，也使画面更具备层次感，视频拍摄也是如此。好的构图能够为视频带来良好的观看感受，所以拍摄人员应该掌握一定的构图方法。下面介绍一些比较常见且实用的构图方法。

1）九宫格构图法

九宫格构图是拍摄中比较重要，也是运用比较广泛的一种拍摄构图法。它是利用画面中的上、下、左、右4条黄金分割线对画面进行分割，使画面形成9个方格。而画面中的4条线为黄金分割线，4条线的交点为黄金分割点，黄金分割点为主体最佳位置，也是人们视觉的集中点，如图9-21所示。

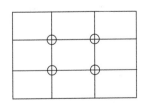

图9-21 九宫格黄金分割点

所以，我们在拍摄视频时应尽量将主体景物放置在4个黄金点位置附近，这样一来，画面中的主体景物就能够突出显示。如图9-22所示为九宫格构图。

图9-22　九宫格构图

2）三分构图法

三分构图法是指将画面横向或者竖向进行划分，分成3份，每一份中可放置主体景物，使画面布置从整体上看更为和谐，构图也更为简洁。在实际的景物拍摄中可以利用地平线、海平面、山峰、草地和树林等边缘线条进行三分构图，提升画面的均衡感。如图9-23所示为三分构图。

图9-23　三分构图

3）对称构图法

对称构图即以一个点或一条线为中心，画面两边的形状和大小基本一致且呈现对称形态，而画面的色彩、线条和结构呈现统一和谐、具有对称感的画面。

对称构图是一种比较平衡的构图形式，具有稳定、平衡的特点，在实际拍摄中运用比较广泛。如图9-24所示为对称构图。

图9-24　对称构图

4）三角形构图法

三角形构图法即以3个视觉中心作为主要位置形成三角形，或者以一些建筑物线条组成三角形形态，使画面营造出平稳的感觉。如图9-25所示为三角形构图。

图9-25　三角形构图

5）对角线构图法

对角线构图法也称为斜线构图法，即利用画面中的斜线进行构图，将画面的主体尽量放置在对角线上，这样可以为画面增添延伸感和立体感。如图9-26所示为对角线构图。

图 9-26 对角线构图

6）曲线构图法

曲线构图是指将画面中的景物根据其本身具备的曲线特点，按照"S"形曲线进行构图，使画面具有延长变化的特点，也能增加画面的韵律感。另外，曲线构图还能引导观者的视线，为画面增添趣味。如图 9-27 所示为曲线构图。

图 9-27 曲线构图

9.4.4 学会运镜，使视频更高大上

运镜即运动镜头，指用运动摄影的方法来拍摄的镜头，使视频中的画面更灵动，动感十足，这样的拍摄技巧能够规避定点镜头带来的画面呆板感。因此在视频拍摄中，运镜是一种被广泛使用的拍摄方法。

运镜看起来虽然比较复杂，但是可以将其总结归纳为 8 种基本的操作技巧，即推、拉、摇、移、跟、甩、升、降。

1）推

推镜头指在拍摄对象位置不变的情况下，镜头由远及近进行拍摄，画面呈现出远景－中景－近景的变化，而画面中的主体部分或局部细节部分被逐渐放大，甚至占满屏幕，次要部分则被逐渐推移出画面。推镜头的运镜方式能够突出重点，使观众的视觉注意力更集中。

2）拉

拉镜头与推镜头相反，指在拍摄对象位置不变的情况下，镜头由近及远进行拍摄，画面呈现出近景—中景—远景的变化。画面中的拍摄范围由小变大，被拍摄对象由少变多。拉镜头的运镜方式的作用在于交代被拍摄物的所处环境。

3）摇

摇镜头指在拍摄对象位置不变的情况下，镜头上下、左右甚至是环绕旋转拍摄。摇镜头可以将镜头视为人的眼睛追随着被拍摄物，对被拍摄物进行巡视，它在空间描述和场景表达上具有独特效果。

4）移

移镜头指镜头沿着水平方向做左右移动拍摄。移镜头的拍摄方式比较灵活，可以打破画面的局限性，扩大拍摄的空间范围。

5）跟

跟镜头指镜头与拍摄对象始终保持同等距离，同时同向移动跟拍。跟镜头的拍摄可使画面主体始终居于画面中心，占据主体位置，能够清晰地表达出主体的空间变化情况。

6）甩

甩镜头指镜头从一个静止画面快速甩至另一个静止的画面，中间影像模糊，快速闪过。甩镜头为一种快速的镜头转换方式，能使画面表现出一种突然性，该运镜方式常用来表现人物视线的快速移动。

7）升

升镜头指镜头在同一位置逐渐向上拉升拍摄，使画面视角得到扩展，由原本的单一视点变成多角度、多方位的拍摄。

8）降

降镜头与升镜头相反，指镜头在同一位置逐渐下降移动拍摄，使画面压缩变小，画面中原本广阔的视角变得更加具体、单一。升、降镜头拍摄能够准确表达主体拍摄物与空间形成的点、面关系。

在实际的视频拍摄中往往不会使用单一的运镜方式，而会将多种运镜方式进行综合利用，以便增添画面的丰富感，也能更清晰地表达出画面内容，为观看者带来更好的观看体验。

9.4.5 利用剪辑软件，菜鸟也能轻松剪辑视频

视频拍摄完成之后往往还需要对其进行加工优化，以便使视频内容更优质，更具吸引力，也就是常说的"视频剪辑"。听起来视频剪辑似乎是一项专业性非常强的工作，需要工作人员具备一定的专业技能，但实际上并不是。

市面上有许多针对零基础菜鸟人员的视频剪辑软件，即便剪辑人员没有任何专业知识和操作经验，也能快速上手。例如快剪辑软件，它就是一款适合零基础新手使用的视频剪辑软件。下面我们以实际的视频剪辑过程为例来看看快剪辑的操作。

视频剪辑工作实际上可以简化成5个操作步骤，即拆分、转场、字幕、配乐以及特效，完成了这5个步骤之后，视频剪辑工作也就基本结束了。

1）视频拆分

视频拆分即对视频内容进行剪辑拆分，以便删除一些不适合的内容，使短视频的内容更优质。快剪辑视频的拆分多以帧为单位对一段视频素材进行精确的拆分，然后将视频素材拼接成为一个完整的视频。

范例借鉴

打开快剪辑视频软件,在页面中点击"剪辑"按钮,选择视频素材再点击"导入"按钮导入视频(最多可以选择8个素材),如图9-28所示。

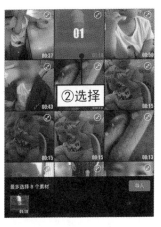

图9-28 导入视频

选择画幅比例,这里选择3∶4,完成后点击√按钮,进入视频剪辑页面。可以左右拖动视频下方的时间轴查看视频片段,对于不想要的视频片段点击"剪刀"按钮,对视频进行拆分,再点击"删除"按钮,如图9-29所示。

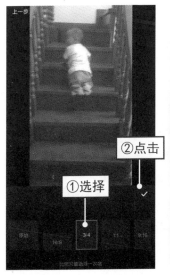

图9-29 拆分视频

在拆分位置点击＋按钮，即可添加新的视频素材，对视频进行拼接。如果觉得新添加的视频位置不好，可以长按视频轴上的素材进行拖曳，更换位置，如图 9-30 所示。

图 9-30　更换视频素材位置

2）视频转场

视频转场是指从视频中的一个场景转换到另一个视频场景中，为了避免转场过于生硬，也为了能使视频场景切换的逻辑性、条理性、艺术性以及视觉性更强，视频转场需要添加和运用一定的转场效果。快剪辑软件预置了数十款无缝转场特效，视频剪辑时直接运用即可。

范例借鉴

在视频编辑页面的视频时间轴视频拼接处点击＋按钮，打开转场效果功能。在页面中可以看到，快剪辑提供了"超级""精选""模糊""擦除"以及"艺术"5种转场效果。选择下方具体的转场效果名称，可以在页面中预览，然后点击"√"按钮运用转场效果，如图 9-31 所示。

第 9 章 短视频，一条新兴的社群营销渠道

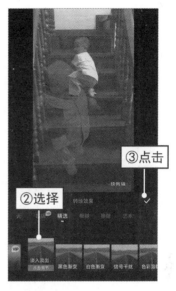

图 9-31 增加视频转场效果

3）为视频添加字幕

为了便于理解视频内容，提高观赏性，还要为视频添加字幕。添加字幕也有许多讲究，如字幕字体样式、字体颜色、字幕大小以及字幕效果等。

范例借鉴

在视频编辑页面需要添加字幕的视频位置点击"字幕"按钮，进入字幕编辑页面，点击"点击输入文字"文本框，进入文字编辑状态，如图 9-32 所示。

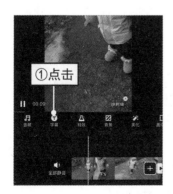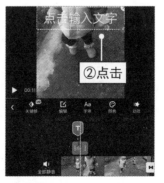

图 9-32 打开文本输入框

263

在字幕输入页面输入字幕内容后，还可以设置字幕样式，包括字体样式、颜色、描边以及背景，在页面中预览字幕样式并确认后点击"完成"按钮即可，如图9-33所示。

图9-33　设置字幕样式

完成后返回至视频编辑页面，拖动字幕可以改变字幕位置，两指缩放可以改变字幕大小，点击"旋转"按钮可以改变字幕的方向，点击"×"按钮可以删除字幕，点击"编辑"按钮可以修改字幕内容，如图9-34所示。

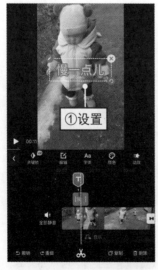 

图9-34　调整字幕

第 9 章 短视频，一条新兴的社群营销渠道

4）为视频配乐

完成视频剪辑之后还可以为视频添加配乐，好的配乐能够烘托视频的气氛，使其更具感染力。快剪辑软件中提供了许多当下热门的音乐，制作者直接添加应用即可。

范例借鉴

在视频剪辑页面点击"音频"按钮，进入音乐添加页面。在快剪辑中有 3 类音乐可供选用，即云音乐、本地音乐和音效。云音乐指音乐库中的各类音乐，本地音乐指手机本地文件夹中的音乐，音效则指特效音乐。选择需要添加的音乐类型，点击"使用"按钮，如图 9-35 所示。

图 9-35 添加音频

5）添加酷炫特效

特效指人工制作的假象和幻觉，特效在视频剪辑中具有重要作用，能够为视频增添更多的视觉效果，使视频整体上的观赏效果更好。快剪辑软件也提供了各种各样的特效，制作者可以直接在视频中添加使用，非常便捷。

范例借鉴

在视频剪辑页面点击"特效"按钮,进入特效页面。可以看到快剪辑中的特效分为精选、动感、分屏和基础4种类型,在页面下方选择特效,预览确认后点击"√"按钮即可,如图9-36所示。

图 9-36　添加特效

除了第三方视频剪辑软件之外,实际上许多短视频软件自身都具有视频剪辑功能,虽然功能不如专业剪辑软件全面,但是对于基础性的剪辑需求也都能满足。所以如果觉得专业的视频剪辑软件过于复杂,可以直接在短视频平台完成视频剪辑。

9.5　如何提高短视频的传播量

社群运营者要想利用短视频吸引更多关注者甚至粉丝,就必须想办法提高短视频的传播宽度和深度,为短视频做好引流工作,只有如此才可能吸引更多的受众了解我们的社群,才能达到社群营销的目的。

9.5.1 利用小技巧提升视频传播效果

在视频内容一定的情况下，可以通过一些实用的小技巧来试着提升视频的传播效果，包括点赞、关注和评论等，具体做法如下所述。

1）选择视频发布的时间

抖音短视频运营也同微信运营一样在信息的发布时间方面具有一定的技巧，虽然没有最好的发布时间这一说法，但是如果能够在大部分人比较空闲的时间发布视频，那么视频的观看率就会得到提升。

一般而言，工作日的中午12点至下午2点午休时间、下午18点至20点以及晚上21点至22点，是大部分人比较空闲的时间，可以发布视频信息。非工作日通常晚上为最好的时间。

除了考虑大部分人的空闲时间外，还要考虑视频的内容，一些视频内容不适合白天发布，例如知识培训类的视频。这类视频通常比较枯燥，需要观看者静下心来耐心观看，所以一方面需要相对较长的空闲时间，另一方面也需要相对安静的观看环境，因此这类视频最好在晚上21点至22点时发布。

2）在视频内容中引导粉丝点赞关注

有时候粉丝没有点赞、关注并非是因为不认可视频内容，或是不喜欢视频，而是因为短视频的时间过短，看过则过，以至于忘记了点赞关注，后期想要再次查看关注时又找不到视频了。

所以为了避免这类情况的发生，我们在录制视频的内容中可以适当引导粉丝点赞关注，提醒用户。方法也非常简单，只需要在视频末尾提出"喜欢视频的朋友可以点击关注，方便下次查看哦"，或是相似内容即可。

3）设置互动性强的问题

还可以在视频内容中设置一些互动性强的问题，引发粉丝对该类话题的倾诉欲或表达欲。这样一来，就可以起到引导用户在评论区留言，提升评论量的作用。

设置的问题可以是热点性问题，也可以是争议性问题，还可以是关注度较高的问题等，主要作用是能够快速引起粉丝的关注和注意。

9.5.2 利用抖音跨平台引流

除了利用视频内容的发布吸引粉丝之外，还可以利用短视频平台与其他平台之间的跨平台合作进行引流，即除了将视频发布在短视频平台之外，还可以将视频发布或分享到其他平台中引流。以抖音为例，除了将视频发布在抖音平台上之外，还可以将视频分享至今日头条、朋友圈、微信、QQ 空间、QQ 和微博中进行引流。

范例借鉴

打开抖音，播放视频作品，点击右侧的 ... 按钮，在"分享到"面板中选择视频分享的平台即可，如图 9-37 所示。

图 9-37　分享至其他平台引流

网络论坛也可以做社群营销

第10章

论坛是早期的社群集中营，网友们通过论坛可以寻找志趣相投的好友，然后利用论坛互动交流，增进彼此的情感联系。因此，论坛也具备了社群营销的基本条件，营运人员完全可以利用论坛来发展自己的社群。

- ▶ 了解百度贴吧
- ▶ 创建贴吧，吸引盟友
- ▶ 百度贴吧的发帖技巧
- ▶ 完善账户信息，精准定位
- ▶ 筛选一个适合的贴吧
- ▶ 豆瓣网平台介绍

10.1 百度贴吧，一个因兴趣而聚集的社群

百度贴吧是一个以兴趣主题吸引和聚集志同道合者的互动平台，有共同爱好的网友可以聚集在贴吧中交流、互动、分享，而营销人员也可以聚集兴趣粉丝，然后以跟帖或发帖的形式展示自己的产品信息并做推广，营销效果非常明显。

10.1.1 了解百度贴吧

百度贴吧是百度旗下的一个独立品牌，也是目前最大的一个中文社区。它是结合搜索引擎建立起来的一个在线交流平台，以便让那些对同一个话题感兴趣的人们能够聚集起来展开交流和互动。

百度贴吧做营销推广主要具有以下几点优势，如表10-1所示。

表10-1 百度贴吧推广的优势

优 势	内 容
注册用户多	百度贴吧是基于百度搜索引擎建立起来的一个平台，平台自身的注册用户量大，据统计，平台注册用户超10亿，日活跃量高达2亿多次，所以平台自身拥有较大的流量，能够为营销人员提供较大的目标客户群体量
挖掘精准的用户	百度贴吧是依照关键词搜索而创建的交流社群，每一个贴吧都围绕一个关键话题而展开，贴吧中的用户也都是对该话题有浓厚兴趣的人。因此，营销人员在贴吧中通过关键词搜索可以挖掘到精准的目标客户群体
营销推广成本低	营销推广不得不考虑的一大因素为成本，贴吧推广实际上是对贴吧账号的推广，推广成本较低，还能反复利用
深度互动	贴吧以封闭式交流话题的形式开展，例如一个贴吧可能以某一个角色、某一部电视剧，甚至某一首歌曲而开展，下面的讨论互动内容比较局限封闭，这样的封闭式主题交流的方式促进了用户之间的深度互动，也能增进用户之间的情感联系

10.1.2 完善账户信息,精准定位

做贴吧推广之前首先要完善自己的账户信息,完善且真实的账户信息能够提升用户对自己的好感程度,降低排斥感。另外,详细的账户信息还能够帮助账户精准定位,以便寻找到志趣相投的目标客户群体。

账户信息主要包括3个部分,即头像、名称和签名。进入百度贴吧首页,登录账号,鼠标光标定位到账户名称下拉按钮上,在弹出的下拉菜单中选择"我的贴吧"选项,如图10-1所示。

图10-1 进入我的贴吧

进入用户中心页面,在页面单击"编辑资料"按钮,如图10-2所示。

图10-2 进入资料编辑页面

进入基本资料设置页面,在页面单击"前往设置头像"超链接,如图10-3所示。

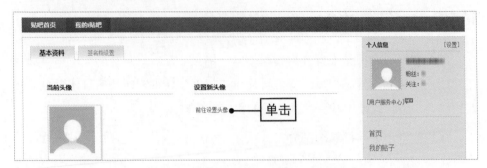

图 10-3　单击"前往设置头像"超链接

进入账号设置页面，单击头像进入头像修改页面，如图 10-4 所示。

图 10-4　单击账号头像

进入头像设置页面。头像设置主要有两个途径：①自定义头像；②热门推荐头像。这里以热门推荐头像为例，选择好头像，预览确认之后单击"保存头像"按钮，如图 10-5 所示。

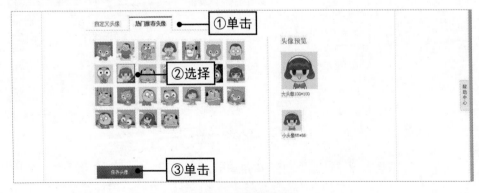

图 10-5　设置头像

第 10 章 网络论坛也可以做社群营销

除了能在电脑端进行修改之外，移动手机端也能够进行资料的修改。下面以手机端为例介绍修改贴吧名称和签名的方法。

贴吧用户名是无法修改的，但是可以修改昵称，在默认情况下，昵称与用户名一致。需要注意的是，昵称每 90 天才可以修改一次，所以在修改时要谨慎。

范例借鉴

在手机上下载安装百度贴吧 APP，并登录账号，进入贴吧。在贴吧中点击"我的"按钮，进入用户页面，然后再点击页面右侧上方的"设置"按钮，进入资料管理页面，如图 10-6 所示。

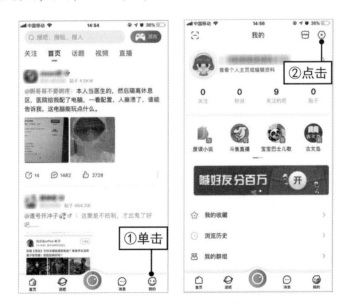

图 10-6　点击"设置"按钮

进入设置页面，在该页面可以对账号进行各方面的设置和修改，包括资料修改、兴趣设置、浏览设置以及广告设置等。选择"个人资料修改"，进入资料编辑页面。

在页面可以查看当前的账号基本信息，点击"个人资料修改"选项即可编辑账户的简介信息，如图 10-7 所示。

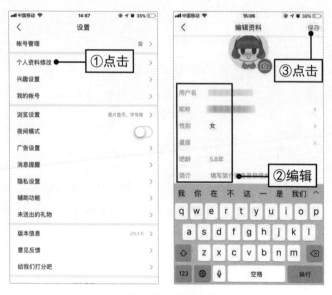

图 10-7　编辑简介

在编辑页面点击"昵称"选项,即可进入修改昵称页面。在页面中输入修改后的昵称,点击"保存"按钮即可,如图 10-8 所示。

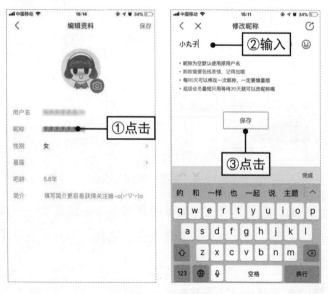

图 10-8　修改昵称

完善账户信息的目的在于精准营销，所以在编辑修改账户信息时，除了要考虑个人的喜好之外，还要多从营销的角度思考，什么样的账户信息更有利于营销，具体来看主要有以下 3 点。

① 头像是他人对你的第一印象，为了增强信任感，可以使用个人的真实照片，还可以直接使用产品照片或公司 Logo。

② 昵称要尽量简短，方便查看。另外，要能够从昵称中了解你的营销内容或方向。

③ 简介实际上是自我介绍平台，可以利用简介详细说明我们的产品或服务的内容方向。

10.1.3 创建贴吧，吸引盟友

贴吧营销第一步，营运人员可以在贴吧中自己创建一个贴吧，以便吸引相同志趣的盟友。在贴吧中创建贴吧方法非常简单，具体如下所述。

进入百度贴吧首页，在文本搜索框中输入想要注册创建的贴吧名称，再单击"进入贴吧"按钮，如图 10-9 所示。

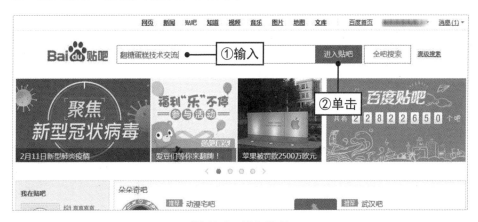

图 10-9　进入贴吧

页面自动跳转至类似的主题贴吧页面，在页面单击"创建翻糖蛋糕技术交流吧"超链接，如图 10-10 所示。

图 10-10　单击创建贴吧超链接

进入创建贴吧页面,在页面单击"创建贴吧"按钮即可,如图 10-11 所示。

图 10-11　创建贴吧

刚刚创建的贴吧人气较低很正常,不要气馁,只要长期坚持,积极建设,自然会吸引大批的吧友关注。提高贴吧人气主要有以下 4 个方法。

(1)采取主动宣传策略,积极地从多个方向为贴吧发帖宣传,吸引吧友注意。还可以去一些热门的、人气较高的贴吧发帖、互动。

(2)对贴吧要有一个精准的定位,即贴吧的发展方向,并对其具体化,这样才能吸引聚集有同样兴趣的吧友。

(3)在贴吧中发布一些有价值、有内容的帖子,帖子的标题和内容应尽量新颖、美观且紧跟网络热点和潮流,或观点标新立异、非主流但很有内涵、很能抓住眼球。另外,帖子中最好添加一些美图,美图可以提高帖子的观赏性。

（4）长期坚持，贴吧建设是一个大工程，短时间内可能效果不是很明显，所以要懂得长期坚持。

10.1.4 筛选一个适合的贴吧

对于贴吧营销者来说，贴吧选择是非常重要的。如果贴吧选择错误，则意味着营运人员的目标客户群体选择错误，其营销结果可想而知是不好的。百度贴吧为用户提供了细致的类别筛选，方便用户精确选择贴吧。以家居设计为例，下面介绍如何选择适合的贴吧。

首先可以在贴吧分类中选择一些和行业相关的贴吧，然后再从这些贴吧中选择热门的贴吧进行推广宣传。具体步骤是进入百度贴吧首页，在"贴吧分类"栏中选择"生活家"选项，在弹出的菜单中选择"家居"选项，如图10-12所示。

图 10-12 选择贴吧类别

进入家居类贴吧页面，在页面中可以看到贴吧列表，选择一个适合的贴吧进入即可，如图10-13所示。

图 10-13 进入贴吧

除此之外，还可以直接在首页搜索框中输入行业关键词，这个时候系统就会匹配一些相关的贴吧，然后我们可以从这些贴吧中选择一些相关的贴吧进行推广。如图10-14所示在首页搜索框中输入"设计"字样，下方弹出相关贴吧列表，选择进入即可。

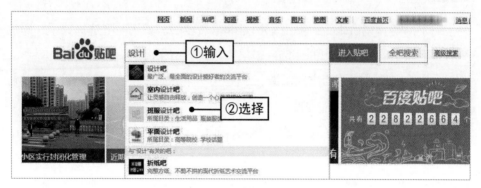

图 10-14　搜索相关贴吧

10.1.5　百度贴吧的发帖技巧

贴吧营销最重要的一步就是发帖。在贴吧中发布优质的帖子能够帮助营销者引流，吸引吧友，完成营销。但是，贴吧发帖需要掌握一定的技巧，否则会发现自己发布的帖子容易出现下列3种情况。

① 自己辛辛苦苦编辑的帖子一发出去就被删了。

② 发了很多帖子没有吸引来吧友会导致自己被封号。

③ 发了很多的帖子回应却很少，甚至基本上没有回应。

出现上述这些情况可能是因为发布的帖子内容存在一定的问题，下面我们来具体讨论，以便巧妙规避这些雷区。

1）敏感信息拒绝出现

首先在帖子中不能出现敏感信息，每个平台对于敏感信息的定义不同。在百度贴吧中的敏感信息是针对广告而言的，贴吧严禁广告，所以一些具有广告嫌疑的信息都会被视为敏感信息，例如QQ号、微信号以及外部链接等。

2)重视帖子的标题

帖子能不能快速吸引人,关键在于标题,所以我们在发帖时要着重注意帖子的标题是否得当。另外,贴吧审核中最为严格的就是标题审核,所以帖子的标题中严禁出现带有广告嫌疑的敏感词汇,否则帖子很快就会被删除。

3)引流的文案内容应放在后面

发帖引流类似于软文营销,不要直接出现推荐介绍的字眼,可以用委婉的方式间接引流,这样才能够达到引流的目的。并且引流的文案内容最好放在帖子后面,帖子的前面为实用性强的、有价值的内容。这样一来,帖子的质量较高,更容易吸引吧友。另外,系统对帖子内容进行检测时,如果在首段文字中发现敏感信息,则会判定有广告嫌疑而被删帖,而末尾出现敏感信息而被删帖的概率则较低。

4)不要发布重复帖

为了方便,很多营销人员会在不同的贴吧中发布同样内容的帖子,以为这样可以达到快速推广的目的。实则不然,因为发布内容重复的帖子容易被降权处理,系统会判定帖子的发布者为广告机构。因此可以适当地对帖子进行修改之后再发布,巧妙规避降权问题。

10.2 豆瓣网,一个文艺青年聚集地

豆瓣网对于喜欢书籍、电影和音乐的人来说并不陌生,因为豆瓣网是一个社区网络平台,用户可以在该网站交流、分享和评论书籍、电影和音乐,表达自己的意见。

利用豆瓣网做营销,很多人对此并不看好,因为豆瓣网中的文艺青年过多,难以调和运用。其实不然,豆瓣网结合了兴趣互动营销和精准广告两个特点,在气氛友好、开放的豆瓣社区中,豆友们基于兴趣相投的前提更愿意接受信任的豆瓣好友的推荐和推广,所以在这样的社区中做营销更具优势。

10.2.1 豆瓣网平台介绍

很多人之所以认为豆瓣网不适合做营销是对豆瓣网认识不多，更有甚者将其视为一个简单的评分交流平台。实际上，豆瓣网集合了三大功能：一是豆瓣网提供了推荐功能，向用户做影音推荐；二是豆瓣网为一个表达平台，可以在平台上表达对电影、书籍或音乐的看法；三是豆瓣网为豆友提供了交流平台，方便豆友进行情感联系。如图 10-15 所示为豆瓣网首页。

图 10-15　豆瓣网首页

从图 10-15 可以看到，豆瓣网主要包括读书、电影、音乐、同城、小组、阅读、FM、时间和豆品 9 个部分，具体内容如表 10-2 所示。

表 10-2　豆瓣网功能介绍

功　能	内　容
读书	用户可以通过作者、书名和 ISBN（国际标准书号）搜索想要看的书，也可以查看各类书籍榜单，还可以翻阅豆友的书评
电影	用户可以通过"电影""电视剧""综艺""影人"等搜索想要看的电影、电视剧、综艺和影人，也可以查看各类电影榜单，还可以翻阅豆友的影评
音乐	用户可以通过唱片名、表演者、条码和 ISRC（国际标准音像制品编码）搜索想要听的音乐，也可以查看各类音乐榜单，或翻阅豆友的乐评
同城	为用户提供本地所有音乐、戏剧、讲座、聚会和旅行等线下活动的资讯，并能根据用户的兴趣推荐适合的活动，帮助结识志同道合的豆友
小组	豆瓣小组是志趣相投的豆友聚集在一起讨论话题、互动交流的平台

续表

功 能	内 容
阅读	如果说豆瓣读书是书籍的简介和评论,帮助用户发现并找到有趣的书籍,那么豆瓣阅读则是侧重阅读,为用户提供一个书籍阅读平台
FM	豆瓣 FM 是一个音乐收听工具,用户能直接通过该平台搜索自己欣赏和喜欢的音乐
时间	豆瓣时间是豆瓣推出的内容付费产品,也是营销推广的一个平台,营销人员可以直接将产品在该平台上展示销售,产品以音频、文字或课程为主
豆品	豆品为豆瓣官网商城,在该平台上用户可以直接购买各种各样的商品

10.2.2 豆瓣上写日记做推广

日记原本是一件很隐私的事情,但豆瓣中的日记不同,基于分享交流的目的,用户在豆瓣中写的日记是公开的。因此,我们可以利用该项功能做营销推广。

利用豆瓣平台写日记做营销,原因在于豆瓣权重较高,百度为这些权重较高的网站赋予了特殊权重值,所以同一篇文章发表在豆瓣网上能够获得更多的流量。

在豆瓣上写日记的方法非常简单,注册并登录豆瓣账户,在首页单击"写日记"超链接,进入写日记页面就可以开始写了,如图 10-16 所示。

图 10-16　写日记

在豆瓣上写日记做推广时有以下 3 点需要注意。

① 为日记添加文章关键词做标签,可以帮助豆友搜索,也利于日记排名。

② 积极回复日记下的评论,有助于提高日记排名。

③ 文章中不能直接发布有广告嫌疑的信息。

10.2.3 进入豆瓣小组推广

通过前面的介绍我们知道,豆瓣小组实际上就是豆友聚集圈,它与贴吧类似,我们可以借鉴贴吧的方法来做豆瓣小组营销推广,主要有两种方法:一是找到目标小组,然后发帖推广;二是自己创建小组,发帖吸引豆友前来互动交流。

打开豆瓣网登录账号,进入首页,在页面中选择"小组"选项,如图 10-17 所示。

图 10-17 选择"小组"选项

进入豆瓣小组首页,页面按照类别推荐了一些小组,选择相关行业的小组加入,如图 10-18 所示,单击"购物"导航按钮,在弹出的小组列表中选择"化妆品代购团购"小组选项,并单击"+ 加入小组"按钮,然后单击下方"完成,进入我的小组"按钮。

第 10 章　网络论坛也可以做社群营销

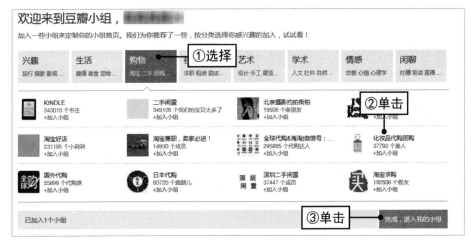

图 10-18　选择小组加入

进入我的小组讨论，单击"常去的小组"后的"全部"展开按钮，如图 10-19 所示。

图 10-19　查看全部小组

进入加入的小组列表中，选择一个小组单击小组名称超链接进入，如图 10-20 所示。

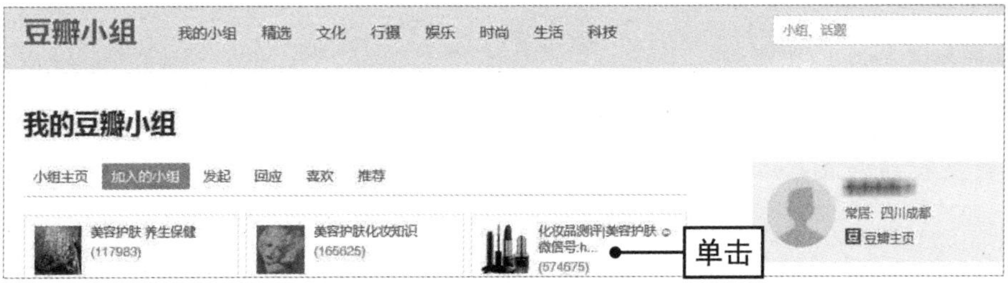

图 10-20　选择小组并进入

进入小组详情页面,单击页面中的"+发言"按钮,如图10-21所示。

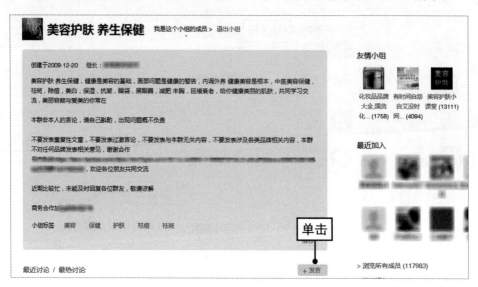

图 10-21　单击"+发言"按钮

进入发帖页面,在页面中按照提示编辑帖子标题、内容,再单击"提交"按钮即可,如图10-22所示。

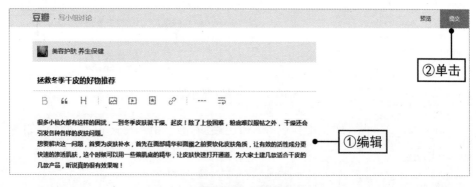

图 10-22　发帖

除了在小组中发帖直接营销推广之外,还可以创建一个小组来自己运营。其具体步骤为进入"我的小组"首页,单击页面下方的"+申请创建小组"超链接,如图10-23所示。

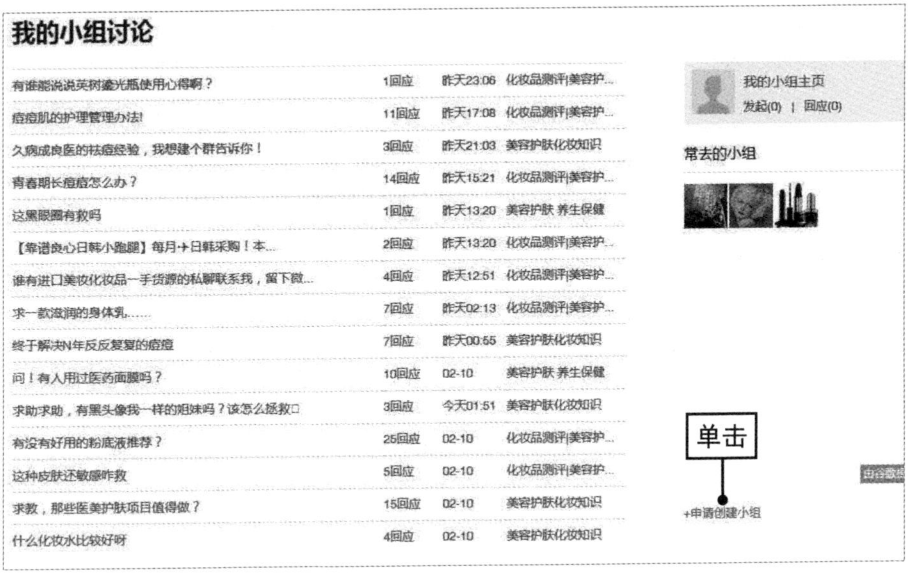

第 10 章　网络论坛也可以做社群营销

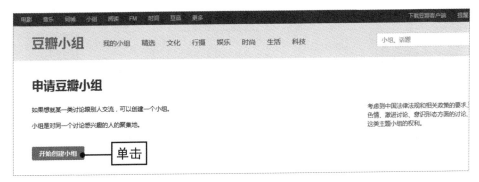

图 10-23　单击"+ 申请创建小组"超链接

进入申请豆瓣小组页面，在页面中单击"开始创建小组"按钮，如图 10-24 所示。

图 10-24　单击"开始创建小组"按钮

进入申请创建小组页面，在页面中根据页面提示设置小组类型，编辑小组名称和小组介绍，选中"我已认真阅读并同意《社区指导原则》和《法律声明》"复选框，再单击"下一步"按钮，如图 10-25 所示。

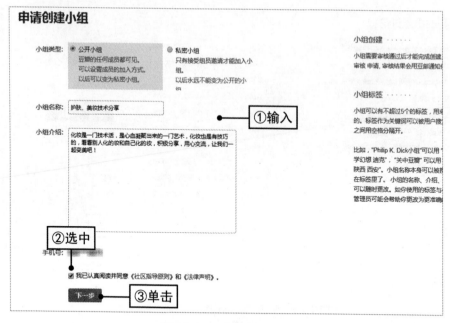

图 10-25 设置小组信息

进入标签添加页面，为小组添加关键词作为标签，以方便用户搜索，添加后单击"提交申请"按钮即可完成创建，如图 10-26 所示。

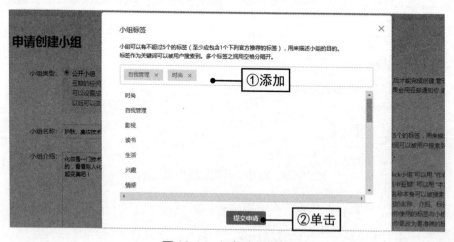

图 10-26 添加小组标签

创建小组之后只有精心经营，才能提高营销效果，运营豆瓣小组时要注意以下 4 点内容。

① 创建小组时设定的主题不要过于细化，太过细化会使目标客户群体过于精细而错失大量的潜在客户群体。

② 小组创建介绍页面是极好的宣传展示位，为了吸引更多的人加入，在编辑时要注意措辞，尽量使用一些具有亲和力和鼓动性的措辞。

③ 创建完成之后，除了等待豆友搜索加入之外，还要对小组进行宣传，积极主动地邀请豆友加入。

④ 搭建完善的小组管理团队，能够帮助小组更好地运营。

10.3 知乎，一个问答互动的社区

知乎是一个大型的中文问答互动社区，各行各业的人都可在平台上分享自己的知识、经验和看法。简单来说，知乎可以被视为一个大型论坛，平台上的所有用户都可对自己感兴趣的话题进行讨论，也能快速聚集具有相同兴趣或对相同话题感兴趣的人，因此，可以说知乎不失为一个好的社群营销渠道。

但是接触过知乎的人都知道，直接在知乎平台上打广告基本都会得到被删的结果，因为知乎在广告监控方面有一套完善的分析系统，所有硬广在知乎上基本是行不通的，那么要如何进行知乎营销推广呢？下面来具体看一看。

10.3.1 注册知乎账号并设置资料信息

利用知乎平台做社群营销，首先需要注册知乎账号，并完善账户信息。

打开知乎官网，进入知乎登录页面，在页面中输入手机号码和验证码，然后单击"注册/登录"按钮，如图10-27左图所示。进入用户名和密码设置页面，在页面中编辑用户名并设置密码，再单击"进入知乎"按钮，如图10-27右图所示。

图 10-27　注册账号

进入知乎首页,在页面中单击右侧上方的用户默认头像,在弹出的下拉菜单中选择"我的主页"选项,如图 10-28 所示。

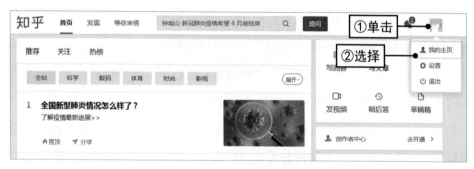

图 10-28　选择"我的主页"选项

进入我的主页,单击"编辑个人资料"按钮,如图 10-29 所示。

图 10-29　单击"编辑个人资料"按钮

第 10 章　网络论坛也可以做社群营销

进入资料完善页面，根据页面提示完善信息，如图 10-30 所示。

图 10-30　完善账户信息

完善账户的信息包括编辑职业经历、个人简介、简短介绍和居住地，以及上传背景图片和头像等，能够有效地增加用户对自己的信任感。

10.3.2　寻找优质的问题进行回答

在相关行业中关注度较高的话题下寻找优质的问题做高质量的跟帖回复，能够获得更多的曝光机会。高热度的话题自带流量，能够吸引更多用户的关注和讨论，从而达到营销推广的目的。

优质的问题可以从 3 个方面来考量，具体如下所述。

（1）直接选择大流量池的问题进行回答，可以从问题的关注人数和已有的答案数量做判断。

（2）直接搜索热门关键词，并选择排名靠前的问题。

（3）选择的问题不要过于具体、细致，因为长尾关键词的问题其搜索人数较少，很难获得流量。

具体步骤为进入知乎首页，选择"热榜"选项，在展开的行业按钮中单击相关行业按钮，在下方的热榜问题列表中进行选择，然后单击被选择问题的标题链接，如图 10-31 所示。

图 10-31 选择问题

进入问题详情页面,单击"写回答"按钮,如图 10-32 所示。

图 10-32 单击"写回答"按钮

进入问题回答页面,在文本框中输入高质量的答案,然后单击"提交回答"按钮即可,如图 10-33 所示。

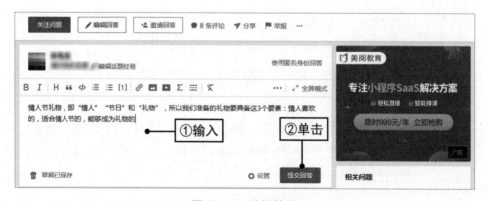

图 10-33 编辑答案

回答问题做营销要注意以下几点。

① 可以选择一些有潜力的问题进行回答。根据行业特点和目标客户群体的关注要点，分析他们可能会关注的话题，然后去回答相关问题。

② 对于一些专业性较强、回答数较少的问题，可以适当地过滤。

③ 回答问题时不要在同一个时间段内对类似的问题做类似的回答。

好的回答会被用户点赞、回复、收藏和分享，这些都会影响回答的排名情况，数据较高的回答会被置顶展示，获得更多的曝光机会。营运人员不仅要用优质的答案内容吸引用户，还要了解平台相关的规则，具体内容如下所述。

① 如果获得赞同，则回答的排序上升；获得反对，排序则会下降，最后的排名是依据答案的综合得分排列的。

② 在问题下方输入针对某个领域的话题的优质回答内容，会提高用户在该领域下的投票权重。同一领域下高权重用户的投票对排序有更大影响，他们的回答排序也更靠前。使用匿名身份投票或答题时，不会计算用户的权重。这个权重是根据过去在相关话题下的回答得到的赞同、反对和没有帮助等票数计算的。

③ 系统会计算该回答所获得的赞同和反对的数据比例情况，从而判断它的质量，质量越高权重越大，推荐的排名会越靠前，进一步推荐的人数就越多。

④ 任何用户都可以发起提问，只需发布的时候添加一个标签，发布成功后，知乎会根据标签匹配优质答主，用户也可以主动邀请优质答主回答。

10.3.3 提出问题吸引回答

除了寻找问题进行回答之外，营销人员还可以在平台上提出问题，吸引潜在的目标客户前来回答互动。

其步骤为进入知乎首页，在页面中单击"提问"按钮，如图10-34所示。

图 10-34 单击"提问"按钮

打开问题编辑面板,按照页面提示编辑问题内容,再单击"发布问题"按钮即可,如图 10-35 所示。

图 10-35 编辑问题

知乎平台上大部分用户对于高质量的问题普遍都有较高关注度,另外对于高质量的问题,平台也会提供较大的流量。所以在提问时除了要联系行业特点之外,还要注重问题质量,此点可以从以下两个方面来考虑问题。

① 问题最好可以和实时热点进行结合,热点话题自带流量,这样结合的方式能够提高问题的关注度。可以利用百度指数、百度风云榜和微博热搜榜等方式寻找热点。

② 实用性强的常规性问题也是大部分知乎用户最常搜索的内容,例如"冬季补水护肤品推荐""值得一去再去的民宿有哪些"等,这些问题的答案一方

面是目标客户比较关注的；另一方面也确实能够为他们解决实际问题。

10.3.4 掌握技巧提高运营效果

虽然我们了解了知乎推广营销的方法，但是为了能够有效地提高营销效果，我们还需要掌握一定的运营技巧。

1）提高知乎回答技巧

通过前面对知乎的了解，我们知道了在知乎平台回答问题的重要性，也知道了好的答案能够排名靠前，增加曝光机会。但是问题的关键在于热点问题回答者众多，如何才能使自己的回答在众多的回答中脱颖而出呢？

（1）内容质量当然是首要问题，只有真正高质量、有内容、有价值的回答才能得到用户的喜欢，所以选择问题时要选择与自己熟悉的、知道的和了解的行业相关的问题做解答。

（2）专注于一个领域更容易提高账户的权重，这样我们的回答可以获得更高的排名。

（3）在答案内容的编辑上要注重趣味性，同样有价值、有内容的回答，如果回答的语气过于刻板，会显得呆板而无人气。可以以一种轻松、幽默且简单易懂的方式进行表述，还可以添加一些趣味表情包，增加趣味性。

2）注意答题的频率

答题的频率指的是一天回答问题的数量，有的运营者为了能在短时间内获得关注就一天回答多个问题。实际上这样并不会提高营销效果，因为知乎平台使用推荐算法机制，如果你的回答内容比较好，初期得到一部分人点赞，官方就会把这个答案推荐给更多人阅读。但是如果你在短时间内回答了好几个问题，知乎的算法就会默认把你的回答归为有频繁刷题的作弊行为，从而限制你的回答，还会影响账号权重。

通常来说，一天内回答两个问题比较好。

3）注意回答的字数

虽然知乎上没有强制性规定要求回答的数字要达到多少，但是通常字数在3000～4000字范围内获得认可的可能性较高，点赞数量也较高。所以我们在回答问题时可以从多个方面来详细举例，以便让回答看起来更专业，内容更丰富。

另外，尤其需要注意的是切忌抄袭其他用户的回答，一般结果是被系统删除，严重的会被举报或封号。

引发社群裂变的快速传播法

第11章

社群裂变,简单来说就是让粉丝进行一传十、十传百的快速传播,从而发展更多的粉丝,实现社群粉丝的快速增长。但这并不是一件容易的事儿,需要讲究一定的方法。

- ▶ 裂变式传播的定义与特点
- ▶ 热门事件是如何快速引爆的
- ▶ 策划一场完美的事件营销
- ▶ 裂变式传播的前提
- ▶ 学会借东风的事件传播法
- ▶ 利用明星影响力做传播

11.1 对裂变式传播的理解

裂变营销是一种低成本的精准营销方式,它能通过一个客户带动其身边的多个客户,从而获得客源数量的爆发式增长。与传统的传播方式相比,裂变式传播显然更具优势,营销效果也更明显。

11.1.1 裂变式传播的定义与特点

简单来说,在营销活动中,由一个客户消费带动多个客户消费的链式反应就是裂变式传播,如图11-1所示为裂变式传播示意图。

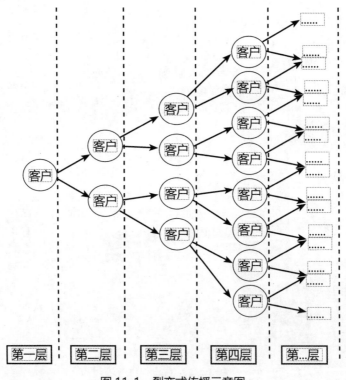

图 11-1 裂变式传播示意图

从图11-1可以看到,裂变式传播通常会形成多个层级,第一层为传播源,第二层为激发层,第三层开始就成为裂变层。其中,裂变形成的层级越多,每一个种子用户带来的裂变用户数量也就越多,产生的裂变效果也就越好。

与传统营销相比,社交媒体下的裂变式营销其特点更明显,效果也更突出,具体表现在以下四个方面。

(1) **传播方式的改变,带来的传播改变**。在传统营销活动中,信息的传播通常是由商家直接向客户进行单向推广和宣传,消费者与商家之间形成闭环,消费者之间彼此孤立。但是建立在互联网社交媒体下的裂变式传播则不同,商家信息传播快,成本低,消费者能够快速获得信息,并且每个人都是信息传播者,彼此联系,所以一旦条件具备,就很容易形成裂变式传播。

(2) **消费者关系链的改变**。在传统的营销活动中,消费者往往只能影响身边的亲朋好友。但是在如今的社交关系中,人们除了亲朋好友的关系链之外,更容易受到虚拟网络环境中具有共同爱好、兴趣或利益的人的影响,从而基于虚拟的社交网络建立一种关系,也就是社群。

(3) **裂变带来精准的流量**。传统的营销活动多基于人们的强关系网,这样的结果往往是尽管做到了宣传推广,但可能带来的并不是目标客户群体。而网络社交关系下的裂变,是基于共同的爱好、兴趣或利益产生的,所以裂变带来的客户更精准,也更具价值性。

(4) **裂变传播的速度快,可以快速看到效果反馈**。在传统的营销活动中,传播以口碑传播为主,见效较慢。而社交裂变传播,传播以信息发送的形式进行,速度更快,效率也更高。

11.1.2 裂变式传播的前提

裂变式传播的重点在于"分享",激发第一批种子用户的热情,通过分享获取更多的新用户,以获得病毒式传播的效果。其中涉及下述几个关键性因素。

1) 明确的营销目的

在设计裂变式营销活动之前要对此次的营销目的有一个明确的认知,即通过此次活动想要得到什么样的结果,主要可从以下3个方面来思考。

① 此次的裂变想要获得多少流量？
② 此次裂变的流量用户其画像是什么样？
③ 此次裂变的产品任务量是多少？

2）第一批种子用户

种子用户是裂变的基础，想要通过种子用户发展更多的用户，首先就要发展一批种子用户。我们可以通过广告投放、老客户开发、内部人员推荐以及吸引公众号粉丝等方式来获取第一批种子用户。需要注意的是种子用户的质量和数量直接关系到裂变营销的效果，所以我们在发展种子用户时要做到精准。

3）具备一定的价值

成功发展了一批种子用户之后，还要让他们心甘情愿地分享、传播，才能开始形成裂变。这就要求裂变活动需要具备一定的价值，只有给用户提供足够的、可获得的价值，才能让大家产生分享、转发的兴趣。

4）简单便捷的传播机制

活动传播机制也是影响裂变效果的一个重要因素，如果传播机制的操作过于复杂，会降低很多种子用户转发、分享的兴趣。好的传播机制一定是简单便捷，用户不用刻苦学习就能轻松掌握的传播机制。

5）创意必不可少

实际上，市面上的社群裂变传播活动很多，但是效果却不尽相同。有的商家通过活动发展了大批用户，而有的商家却在复制老套的营销活动，费时费力，收效却甚微，这是因为活动缺乏"创意"。如今人们接触的信息多且广，如果不能用新颖有趣的创意来吸引他们，只是一味地"炒冷饭"，营销自然不会成功。

6）营运人员的精心运营

社群裂变并不意味着将发展用户的任务交给种子用户即可，事实上，营运人员在社群裂变的前后都需要对社群进行精细化运营，关注新、老用户的变化情况，让新用户感受关怀和专业，让老用户感受温暖。另外，还要实时注意社群中的各项数据变化，这样才能成功完成社群裂变营销。

11.2 事件驱动下的传播

裂变式传播根据驱动点的不同又可分为事件驱动传播、影响力驱动传播和利益驱动传播。

而事件驱动传播特指社群通过策划、组织和利用具有新闻价值、社会影响以及名人效应的人物或事件,吸引社群成员的兴趣与关注,以促使社群信息的快速传播。

简单来说,事件驱动传播就是掌握新闻的规律,制造具有新闻价值的事件,并通过具体的操作让信息得以快速传播,从而获得广告的效果。

11.2.1 热门事件是如何快速引爆的

一个热门事件从发生到快速传播,再到成为话题,甚至形成现象,究竟是如何发生的呢?我们处于互联网下的全媒体时代,舆情传播已经从过去的"媒体人说,观众听"的模式,转变成为"人人都可以是自媒体人",每个人都可以分享传播各类信息。传播模式的改变大大促进了热门事件的传播和发酵。

另外,热门事件除了传播方式上的改变之外,其自身往往也具备了成为热门的特点,具体如下所述。

① 热门事件通常与人们的日常生活紧密相关,尤其是民生类的事件总能快速引发传播和讨论,例如食品安全、个税改革以及购房政策等。这些看似简单的事件背后往往能够引发人们对当前一些民生现象的讨论。

② 热门事件引发社会情绪。一些热门事件能够快速传播,很大程度上是因为事件本身能够增强大众对事件的代入感,从而激发人们的各种情绪,包括气愤、愤怒、幸福和高兴等。这些情绪的产生加速了事件的传播。

③ 热门事件的活跃周期较长,可利用的营销周期也比较长。因为热门事件往往能够引发大范围的讨论,所以其发酵的时间周期也比较长,社群利用该类热门事件做营销的时间周期也就会比较长。

④新闻反转类的事件更容易成为热门。即使在有图有真相的今天，人们也常常会被部分信息诱导，作出误判。当事件真相出现在人们眼前，与前期认定的事实形成反转时，就很有可能成为热门。

11.2.2 学会借东风的事件传播法

借东风即社群营运人员要学会利用热门事件的传播法。热门事件的传播看起来似乎很复杂，但实际上通过4个步骤即可完成，具体如下所述。

1）第一步，寻找热门事件

利用事件营销引发社群裂变，首先就要寻找热门事件。热门事件的寻找除了要考量事件本身的热度之外，更多的是要站在社群成员的角度思考，考虑他们喜欢查看什么样的热门事件信息，以及他们关心的是哪些方面的内容。

热门事件的信息可以利用各大新闻门户网站获得，还可以结合各类实时热点榜单，或者是豆瓣、知乎以及猫扑等论坛进行查找。

2）第二步，筛选适合的热门事件

通过寻找我们可以发现，互联网上平台众多，且每天都会出现各类时事热点新闻，但是并不是所有的事件信息都适合我们的社群。因此，我们要学会对我们得到的热门事件信息做筛选，选择出社群成员感兴趣的事件信息。

3）第三步，热门事件加工

热门事件加工是事件营销活动中推动社群裂变发展的重要一步，即我们在寻找到适合的热门事件后，还要结合社群内容，对事件信息做进一步的加工，使其与社群内容更吻合。有了热门事件的信息加持，社群推送的信息其阅读量、转发率以及分享率都能得到提升，也能够帮助社群获得更多的流量。

热门事件加工往往也被称为"蹭热度"，比较简单粗暴的蹭热度方式是在文章标题或内容中插入热门事件信息，尤其是标题中加入热门事件的关键信息，吸引读者的眼球。虽然这样的方式确实可以吸引用户的注意力，但是实际上对社群运营并没有益处。因此，我们蹭热度也要讲究一定的方法和技巧。

① 对于一些有热度、有关注度的事件，我们也要作出一定的判断，并不是所有热度高的热门事件都适合。例如一些三观不正的、触及道德底线的以及涉及敏感信息的事件都不适合在社群中传播。

② 在蹭热度时，除了简单地表述热门事件信息之外，更重要的是对该事件进行深入分析，表明自己的态度和观点，尤其是一些新颖的观点。

③ 还可以通过大量实际的材料和信息来论证自己的观点，提升文章的深度和高度，使文章内容更具价值。

4）第四步，选择平台，引爆话题

完成内容的加工编辑之后，需要选择平台进行传播推广，以便引爆话题，从而吸引更多的粉丝。

11.2.3 策划一场完美的事件营销活动

除了借助热门事件做推广之外，还可以自己策划一场事件做营销。简单而言就是制造一个具有话题性的事件，通过舆论发酵对该事件进行引爆，进而达到推广的目的。

事件营销需要明确：任何事件营销活动都不能触及国家的相关法律法规。

策划事件营销活动主要包括下列几个流程，具体如下所述。

第一步：根据具体的对象或事件特点制定策划方案。

第二步：内容创作。事件营销活动的成功与否，内容创作尤为重要，内容主要包括软文的创作和引爆点的设计。其中内容的质量越好，事件营销的效果也越好。通常来说，具有以下几个特点的内容更容易被引爆。

（1）**具有典型性的特点**。事件如果具有典型性的特点，甚至在一定程度上可以反映出当前社会的普遍现状，更能引起读者的共鸣，这样的事件更容易被引爆。

（2）**具备趣味性**。用户通常利用碎片化的时间来浏览信息，无非是想要获得一些趣味性的信息，使内心更愉悦。所以充满趣味性的事件信息更能激发用户的分享乐趣。

（3）**具备稀缺性**。即要求传播的事件信息要新颖独特，拒绝大量同类化、同质化的信息。

第三步：挑选合适的渠道发布信息。发布信息时可以选择结合多个渠道进行发布，例如微信公众号、微信群、微博以及论坛等。

第四步：根据成员对事件信息的反馈和态度做进一步挖掘，延续事件热点。

事件营销想要得到反馈和共鸣，需要结合社群产品特点和事件信息，找出亮点进行推广宣传，并以此获得持续的关注。

11.3 影响力驱动下的传播

影响力指能够有效改变或影响他人行为和心理的能力或力量。影响力驱动下的传播指在社群运营过程中，借助一些具有影响力的人为社群产品做宣传和推广，从而引发社群裂变，以便吸引更多的粉丝。

11.3.1 利用明星影响力做传播

借助明星的影响力进行营销是社群营销的重要策略之一，尤其是对急着提升品牌价值的社群而言，更是如此。

明星影响力传播是指利用娱乐圈名人、商业名人以及体坛人士的影响力做推广。因为明星本身属于一个高光行业，聚集了社会各界的眼光和粉丝的关注，人们对明星有着天然的崇拜心理，所以如果社群能够借助明星开展传播活动，必定能够大幅度增加大众对社群的关注，从而达到裂变传播的目的。

利用明星影响力做传播的优势主要有如表11-1所示的几点。

表11-1 明星影响力的传播优势

优　势	具　体　介　绍
提高知名度	明星代言站台能够在短时间内为社群提高知名度，为社群积累大量的人气
提高产品的档次	通常观众都会根据代言明星在心中的知名度、身价以及熟悉程度对明星作出评断，而该类评断的高低将直接影响用户对产品价格的定位，越是知名的大牌明星，越能提高产品在用户心中的档次
提高产品的销量	"明星同款"不仅能够对粉丝起到吸引作用，对一般用户也能起到促进消费的作用。因此，借助明星的影响力做推广能够大幅提高产品的销量
丰富产品形象	明星代言产品，除了可以展示产品功能特点之外，还可以丰富产品的形象，尤其是与产品风格匹配的明星形象，很有可能因为明星代言而使产品的形象特点更丰满

利用明星影响力做传播实际上在社群中比较常见，实用性也比较强，我们在前面的内容中也有介绍，例如抖音社群营销中介绍的明星推广。但是，我们需要注意的是，明星影响力做传播也存在缺点，具体如下所述。

- 明星代言费用较高，对社群而言营销成本过高，很有可能给社群带来经济压力。
- 如果选择的明星其形象与产品不相符，可能会遭到消费者的质疑，甚至引发消费者对商品的排斥心理。
- 明星代言期间如果出现负面新闻，甚至违法犯罪行为，都会直接影响商品的销量，给商家以及社群带来重大损失。
- 如果商品的代言人频繁更换，可能会降低消费者对产品的认知，或是对产品质量产生怀疑。

以上这些缺点都是客观事实存在的，所以，在计划借助明星影响力做传播推广时不得不在这些方面多做思考。

11.3.2 行业专家传播信任度更高

行业专家指的是在某一行业中取得一定成就，对相关行业有一定研究的专业人士。行业专家代表的是专业性和权威性，如果行业专家能够为产品背书宣传，则产品必然可以借助专家的影响力而增大销量。

在具体的营销活动中，通过行业专家背书，为社群或产品提高影响力的现象比较少见。一方面是行业专家不好寻找；另一方面是很多行业专家不愿意为产品做背书宣传。

但是，除了专家直接为产品站台背书，或进入社群为产品宣传之外，我们还可以通过其他方式来借助专家的影响力做宣传推广。

① 借用专家教授的观点。

范例借鉴

如图 11-2 所示为某育儿类公众号推送的信息。

图 11-2　借助专家观点进行信息推送

通过图 11-2 可以看到，该公众号借用某教授的观点进行内容创作，并以教授的观点作为文章标题，吸引了用户眼球，也激发了用户查看文章的兴趣。

② 借用专家的话作为宣传内容。

第 11 章 引发社群裂变的快速传播法

范例借鉴

如图 11-3 所示为某育儿类公众号推送的信息。

图 11-3 借助专家的话推送信息

通过图 11-3 可以看到，该公众号在推送的文章中借用了名校校长的话作为文章标题，一方面可以引起读者的注意；另一方面也能够吸引大量读者观看文章内容。

11.3.3 网红传播速度更快

网红即网络红人，它指在现实或者网络生活中因为某个事件或者某种行为而被网民关注从而走红的人，或因长期持续输出专业知识而走红的人。他们的走红通常是因为自身的某种特点或事件在网络的作用下被放大，与网民的审美、审丑、娱乐、刺激、偷窥、臆想、品位以及看客等心理相契合，有意或无意间受到网络世界的追捧，成为"网络红人"。

网红依靠网络平台快速积聚了个人影响力，并且深受粉丝的追捧和喜爱。如果能够借助网红的影响力为社群宣传，也可以大幅扩大社群的传播范围。

不管是网红张××的公司在120秒内顺利破亿，还是口红一哥李××创下5小时成交产品23000单的带货神话，都说明了网红具有的巨大影响力。

通过网红做传播的关键在于网红的筛选。了解各类社交视频软件的用户不难发现，平台上的网红有很多，但是很多网红真正的影响力与其粉丝数量不符，存在假数据的情况。所以我们要审核网红的真实情况，否则如果选择不当，除了不能为社群带来更有利的传播之外，还有可能给社群带来灾难。

筛选网红可以从以下几个方面入手。

1）网红与社群或产品的相关性

选择网红之前，我们要先考虑网红与社群或产品的相关性。因为不同的网红其涉猎的范围可能存在差异，例如一个美食吃播网红，不适合代言服装或美妆类的产品。

只有网红与社群或产品的属性相关，才能够吸引网红粉丝中的潜在受众和流量，使其转变成为产品或社群客户。对于这一点，我们可以通过网红前期在社交平台中发布的动态来了解。

2）粉丝的数量以及增长情况

没有粉丝的网红不是网红，可以说粉丝数量是鉴别网红影响力的重要标准。但是我们要注意，当心买僵尸粉、做假数据的网红。所以我们在查看网红的粉丝数量时还要查看其粉丝增长情况。

如果该网红的粉丝在短时间内突然大幅度飙升，那么要及时查看该段时间是否更新了热门的、有趣的动态。如果不是，那么就要思考是否存在购买假粉丝的情况。

这一点很重要，通过社群营销的学习我们知道粉丝对于营销的重要性，如果网红的粉丝大部分是僵尸粉，那么对于社群的传播和推广没有丝毫益处，只是浪费时间罢了。

3）分析粉丝的情况

除了查看网红粉丝数量的增长情况之外，还要详细分析网红的粉丝情况，例如粉丝年龄分布、性别分布、地域分布和兴趣爱好等。通过分析粉丝可以查看粉丝与社群目标受众的匹配程度,如果该网红的粉丝与社群受众不符,那么通过该网红进行的传播显然是无意义的。

4)网红的发帖频率

网红的发帖频率通常与其流量和回访率有着直接的联系,如果网红定期发布高质量的内容,则粉丝查看、参与、分享、互动和收藏的可能性更高。反之,不经常发帖的网红,粉丝流失率是非常严重的,如果我们利用该类网红发帖,宣传效果也较低。对此,可以通过该网红近期的发帖率与曝光率来筛选可以进行社群营销推广的网红人选。

5)粉丝的参与度

粉丝的参与度是指粉丝与网红的互动频率,即点赞、转发、评论和收藏率等。从粉丝参与度的高低可以看出网红究竟有多少铁粉,也可以看出粉丝是否对其发布的动态感兴趣,也可以看出网红对粉丝购买决策的影响程度。

11.4 利益驱动下的传播

利益驱动是最常见,也是最高效的一种传播裂变方式。它指的是给予成员或粉丝一定的利益,促使成员或粉丝分享、转发,形成裂变。

11.4.1 奖励刺激的直接式传播

奖励刺激的直接式传播是最简单的利益驱动传播方式,最常见的就是集赞赢奖励、组队享福利和转发有机会抽奖等。奖励刺激的直接式传播的关键在于以下几点。

① 奖励的设置。以奖励作为诱因,那么奖励的设置就尤为关键,如果奖励福利没有足够的吸引力,就会降低成员分享的兴致。但是如果奖励福利设置得过于丰厚,可能会给社群造成经济压力,致使奖励成为负担。

②注意奖励营销推广活动的频率,一定要尽可能地保持规律。如果活动过于频繁,会给人产生一种廉价、很容易得到的感觉,从而降低参与热情。最好保持一个月一次推广传播活动的频率即可。

③不要让奖励分享传播活动与其他类型的活动同时开展。多个活动同时进行,一方面会增加自己的工作量;另一方面不管是什么样的活动,受众对象都是社群成员,所以可能会出现一个成员参与多个活动的现象,使活动内容和规则复杂化,也会降低成员的体验感。

虽然都是以奖励作为利益诱导吸引社群成员分享传播,但是不同的平台其具体的诱导操作方法也存在差异。下面以微博为例进行介绍。

微博中有许多以奖励诱导吸引粉丝做推广的方法,具体如下所述。

①以现金作为奖励吸引粉丝,粉丝完成转发、评论和点赞即可有机会获得现金奖励,如图11-4所示。

图11-4 现金奖励做推广

②以商品作为奖励吸引粉丝,粉丝购买商品之后转发微博,并晒加购截图就有机会获得商品奖励,如图11-5所示。这样的方式比较适合有自己的产品的商家。

第 11 章 引发社群裂变的快速传播法

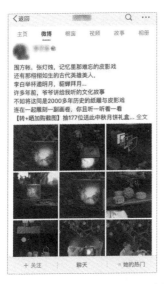

图 11-5 商品奖励做推广

③以礼物诱导、吸引粉丝进入直播间看直播,并参与抽奖活动,如图 11-6 所示。

图 11-6 礼物奖励做推广

需要注意的是,如果是以礼物作为奖励吸引粉丝,那么礼物必须与社群有一定的关联性,即能够体现出社群的特点。例如美妆类社群,礼物必然以化妆品为主。

此外，不同的平台对奖励刺激的直接式传播有不同的要求，即有的平台允许，但是有的平台是不允许的。例如微信，微信官方明确禁止此类宣传推广活动，并对此作出了明确的规定，具体内容如下所述。

微信强调，禁止通过利益诱惑、诱导用户分享、传播外链内容或者微信公众账号文章，包括但不限于现金奖励、实物奖品、虚拟奖品（红包/优惠券/代金券/积分/话费/流量/信息等）、集赞、拼团、分享可增加抽奖机会、中奖概率，以积分或金钱利益诱导用户分享、点击、点赞微信公众账号文章等。

另外，从其他软件诱导用户朋友圈也属违规。未经腾讯同意或授权的情况下，微信小程序提供的服务中，不得存在诱导类行为，包括但不限于诱导分享、诱导关注、诱导下载、诱导抽奖等。如不得要求用户分享、关注或下载后才可操作；不得要求用户分享或关注后才能获得抽奖机会或增加抽奖机会；不得含有明示或暗示用户分享、关注、下载的文案、图片、按钮等；不得通过利益诱惑诱导用户分享、传播；不得用夸张言语来胁迫、引诱用户分享。具体包括以下类型。

（1）强制用户分享或关注：分享或关注后才能进行下一步操作。包括但不限于分享或关注后方可获得解锁功能或能力，分享或关注后方可查阅、下载图片或视频等。

（2）利诱用户分享或关注：分享或关注后对用户有奖励。包括但不限于分享或关注后获得礼品（包括但不限于现金、红包、实物奖品和虚拟奖品等），分享或关注后获得或增加抽奖机会。

（3）胁迫、煽动用户分享或关注：用夸张言语来胁迫、引诱用户分享或关注。

（4）上述诱导分享、诱导关注、诱导下载以及诱导抽奖包括直接诱导和间接诱导，包括但不限于分享后可直接获得解锁能力或者获得奖励；分享后可收集获得奖励、参与抽奖以及解锁能力的卡片、物品或其他条件；以与客服咨询无关的文案、图片（包括但不限于红包、抽奖、虚拟代金券等形式）诱导用户点击进入客服会话。

对于诱导分享的非正常营销行为，一经发现，微信团队将进行如下处理。

（1）包括但不限于停止链接内容在朋友圈继续传播、停止对相关域名或 IP 地址进行访问，封禁相关开放平台账号或应用的分享接口。

（2）对重复多次违规及对抗行为的违规主体，将采取阶梯式处理机制，包括但不限于下调每日分享限额、限制使用微信登录功能接口、永久封禁账号、域名、IP 地址或分享接口。

（3）对涉嫌使用微信外挂并通过微信群实施诱导用户分享的个人账号，将根据违规严重程度对该微信账号进行阶梯式处罚。

所以，社群营销选择平台进行奖励刺激的直接式传播时，首先要了解各个平台的相关政策规定，避免被封号。

11.4.2 鱼塘互推的互助式传播

利益驱动除了通过利益吸引社群成员做推广之外，还可以通过利益吸引相关社群做互助式的推广，也就是鱼塘互推的互助式传播。

鱼塘互推的互助式传播实际上就是借助别人的"鱼塘"，即其他社群中的成员资源或关系网做社群推广，以便吸引更多社群成员。互助传播的基础在于互相推荐引流，即双方向自己的社群成员推荐对方，互利互惠。

鱼塘互推并不难理解，它的运作过程主要由 3 个步骤组成，具体如下所述。

① 两个社群通过交流分享，建立信任基础，确定引流计划。

② 在各自的社群内做推荐。

③ 从自己的社群中引流入库至对方社群。

鱼塘互推的互助式传播如图 11-7 所示。

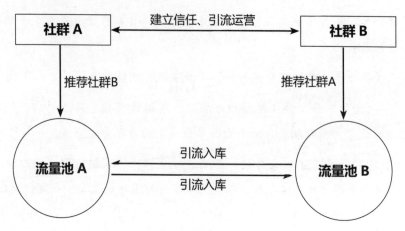

图 11-7 鱼塘互推的互助式传播示意图

鱼塘互推引流操作的关键在于社群的选择,如果选择了质量不高的社群,或者是同类型的社群,很有可能出现不仅无法完成引流任务,还引发大量粉丝的流失等情况。所以我们在选择互推社群时要慎重,可以从以下几个方面来考虑,如表 11-2 所示。

表 11-2 选择互推社群的要点

要 点	内 容
社群的质量	在互推之前要了解对方社群的质量,主要包括粉丝的数量、粉丝互动率以及转化率
社群的类型	社群互推是一种粉丝需求的深度挖掘,所以确定互推社群时要选择社群的类型,选择与自己的社群营销行业不直接相关的同类型、但有关联的社群,否则容易造成社群粉丝的流失
设置公平的互推规则	社群互推需要建立在公开、公正以及公平的互相信任基础之上,这就要求选择社群时双方必须设置公平互助的互推规则来约束和限制双方的行为

社群互推的方法有很多,以微信公众号为例,主要有两种互推方式。

一种是直接发布推荐文章,在文章信息中详细介绍推荐其他公众号的原因和其优势。

第 11 章　引发社群裂变的快速传播法

范例借鉴

练瑜伽×××是一个瑜伽锻炼养身的公众号，公众号通过长时间的运营积累了大量热爱健身、喜欢瑜伽的粉丝。鉴于喜欢瑜伽的大都是热爱健身、有保持健康和维持身材意愿的女性，所以除了推送瑜伽的相关文章信息和教程之外，该公众号还与其他社群合作做推广。如图 11-8 所示为练瑜伽×××为粉丝推荐的女装公众号。

图 11-8　直接发文推荐

另一种是转载其他社群的文章，向粉丝推荐。转载即通过互助合作，转发对方社群的优质文章做引流宣传。

范例借鉴

飞××是一个绘画类公众号，该公众号主要以各类原创绘画设计为主，积累了大量有绘画兴趣的粉丝。公众号为了丰富内容，也为了互推互利，在推送的文章中转载了一篇手工制作设计类的文章，为该公众号做推广引流。如图 11-9 所示为飞××转载推荐的文章信息。

图 11-9 转载推荐

鱼塘互推实际是一个非常实用的引流方式，它的核心在于"转移信任"，具体优势体现在以下 3 点。

① 社群推荐，熟人背书，互推而来的粉丝更容易建立信任感。

② 互推而来的粉丝更精准。

③ 互推引流的成本较低，比较适合社群营销。

因此，社群运营者们应该积极进行鱼塘互推的互助式传播，以便发展更多的粉丝。

懂得变现获利才是硬道理

第12章

前期社群营销中的各种操作,例如创建社群、积累粉丝和举办活动等,都是为了最终能够实现社群变现获益。但是社群变现需要讲究一定的方法,否则可能出现社群变现率低的情况。

- ▶ 社群进入门槛较低
- ▶ 社群缺乏新鲜的话题
- ▶ 社群服务变现
  ……
- ▶ 社群内容产出单一
- ▶ 社群产品变现
- ▶ 社群广告变现

12.1 社群变现率低的原因分析

在了解社群变现方法之前,我们需要分析导致社群变现率低的原因有哪些,巧妙规避雷区,才能真正提升社群的变现能力。

12.1.1 社群进入门槛较低

社群进入门槛低是社群变现率低下的重要原因之一。很多社群在运营初期为了扩大流量池,设置的入群门槛较低,甚至有的社群需要通过直接的利益作为诱饵进行引流,才能够吸引到成员或粉丝。

虽然这样的做法确实吸引了大量社群成员,但是这样做吸引而来的社群成员普遍存在质量较差、价值不高的特点,以至于在社群的后期变现中出现变现能力差的情况。简单来说,也就是社群锁定的目标人群不够准确,没有找到精准的潜在用户群。

实际上,虽然很多社群运营者都明白这个道理,但是在引流过程中还是会不限制或设置低门槛的入群要求,这是因为比起精准用户群大部分的社群运营人员,在社群初期更担心的是社群不能够吸引用户,不能快速积累人气。

不得不说,这是一种错误的观念。如果不设置门槛,吸引来的用户质量便会参差不齐,成员之间也很难达成共识,一方面增加了社群的管理难度;另一方面也降低了社群质量,致使高质量成员快速流失,社群就无法有序地、健康地发展。

通过大量的社群运营实践不难发现:免费社群死亡率高,低门槛社群的成员活跃度低,高门槛社群的成员活跃度更高。因为没有通过付出就直接可以入群的社群给人造成一种质量低的感觉,用户也不会珍惜。只有通过一定的付出和努力进入的社群,才可能得到用户真正的重视。

社群的门槛可以从两个方面进行设置,具体如下所述。

(1)有形门槛:消费次数、消费等级和时付费多少等。

(2)无形门槛：主要包括学历、经历、职业、专业以及兴趣等。

需要注意的是，不管是有形门槛还是无形门槛，在设计时都要从以下3个方面来满足成员的要求，这样才能够促进社群的长久发展。

① 激发社群成员的参与感。

② 使社群成员建立强烈的归属感。

③ 满足社群成员的心理诉求。

12.1.2 社群内容产出单一

我们知道社群长期运营离不开优质的内容输出，如果社群输出内容单一，不能持续性地为社群成员带来价值，那么社群的变现率自然就会逐渐下跌。因此，我们不得不丰富社群的内容，使其保持丰富的内容输出。

丰富社群内容输出主要应从两个方面入手：一方面是从自己擅长的相关领域出发，持续性地向社群成员输出有趣的、有价值的、有实用性的内容；另一方面是从产品出发，通过持续性地向精准用户提供实用的、需要的产品吸引用户。当然，这就要求在社群产品的选择上必须满足一定的条件，才能在真正意义上对用户起到吸引作用。

社群产品的选择通常需要满足3个指标，如图12-1所示。

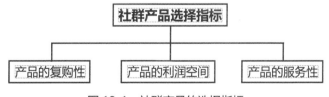

图12-1 社群产品的选择指标

（1）**产品的复购性**。即产品的重复购买性，如果产品属于消耗性的商品，那么社群成员的价值挖掘才能实现长久性，甚至是终身性，这样社群成员的价值才能实现最大化。根据产品的复购性特点可以将产品分为高复购性产品和低复购性产品。高复购性产品主要是指快消品、食品、化妆品以及母婴用品等，而低复购性产品主要指一些耐用的、更换频率不高的大型家电用品等。

（2）产品的利润空间。即除了考虑社群成员的长久性之外，社群的长久运营也要考虑自身的利润，所以在选择产品时还要考虑产品的利润空间。根据产品利润空间的高低，可以将产品分为中高利润产品和低利润产品。中高利润产品包括化妆品、食品以及保健品等，低利润产品包括生活用品和标准化产品。

（3）产品的服务性。即除了销售之外还需要另外提供服务的产品，或有额外服务价值的产品。因为有服务的需求，所以增强了社群成员与社群之间的互动，也提高了社群成员的黏性。

12.1.3 社群缺乏新鲜的话题

虽然社群成员最关心的是社群能够为自己提供什么样的内容价值，但是人是复杂的，长久性的千篇一律的内容和话题会使社群显得单调、乏味，从而导致社群互动性低、成员不活跃，自然影响社群的变现。因此，社群营运人员要注重社群的多元化，实时为社群注入新鲜有趣的话题。

如何才能在社群中提出一个受到大家喜欢的、互动性的话题呢？可以从以下3点入手。

1）从社群人员的喜好入手

俗话说：知此知彼才能百战百胜。社群营销也是如此。想要提出有吸引力的话题，就要从社群人员的喜好入手，提出受到他们喜欢的话题。

①如果社群建立之初是以兴趣为基点的，那么可以提出与兴趣相关的话题。

②可以按照社群成员的地域环境，提出具有当地特色的、能够引起思乡之情的话题。

③可以从社群成员的平均年龄入手，提出该年龄段比较感兴趣的话题。

④可以从社群成员的需求入手，提出他们最感兴趣、最想知道的话题。

2）进一步挖掘话题的价值

除了简单地提出话题引发讨论外，社群运营者还要进一步地挖掘话题的价值，只有具有深度和内容的话题才能长时间地对社群成员产生影响。

3）注意发布话题的质量

虽然可以作为宣传推广内容的话题有很多，但是我们在发布话题时要适当地对其进行筛选，剔除不适合的话题内容，确定更有价值的话题，提高话题的质量，这样才能吸引社群成员主动地参与到话题交流中来。

12.2 社群变现的常见模式

不同的社群，在产品种类、社群内容以及运营特点上都是不同的，所以社群的变现方式也不同。因此，社群的变现要结合自己社群的特点，选择更适合的变现方式，下面介绍社群中比较常见的8种变现模式。

12.2.1 社群产品变现

产品变现模式是社群运营中比较主流的一种变现模式，它通过社群运营的方式，让社群成员参与到产品的设计和制作之中，增加用户与产品的联系，并与成员深入关联，从而获得成员的信任和成员对产品的认可。

范例借鉴

小米社群在社群产品模式变现方面表现突出，社群在前期聚集了大量的小米死忠粉，并让其参与了小米手机的内测、研发、宣传和营销等过程。这样的做法大幅增加了社群成员的参与感、荣誉感和归属感，手机最终被制作推出后，变现能力也更强。

这样的模式，需要社群在前期经过一段时间的运营沉淀粉丝群，然后实际成熟之后再转为电商模式，向粉丝兜售产品。实际上这是一个将社群转为销售渠道的过程，社群运营者将有需求的目标客户群体聚集在社群中，然后逐渐对其销售产品，实现变现目标。

这种模式需要社群运营者找到社群与产品之间的契合点，然后再加以利用效果较好。如果仅仅将社群作为一种营销渠道，时间一长，社群成员就会大量流失。

如图12-2所示为社群的产品变现模式。

图12-2　社群产品变现模式

12.2.2　社群服务变现

社群服务变现就是通过给社群粉丝提供专属的、有效的增值服务而完成变现的一种模式。具体的做法是，社群首先利用基础性的社群活动以免费的方式聚集大量的精准粉丝，然后再以增值服务的方式对其中有需求的粉丝进行收费，实现变现。

服务变现实际上比较常见，社群成员的接受度也较高，如果成员想要得到专属的服务或专业的指导，势必愿意为其支付一定的费用。

社群服务变现具体的形式一般是通过收取会员费、门槛费的方式实现。如图12-3所示为某社群提供的会员服务。

第 12 章　懂得变现获利才是硬道理

图 12-3　社群服务变现模式

12.2.3　社群广告变现

社群广告变现也被称为流量变现，简单来说就是打广告，这是一种比较常见的社群变现方式。社群广告变现主要可分为两种方式：一种是为合作方做广告宣传，将社群当作发布广告的渠道，收取广告费用；另一种则是代理产品，在社群中发布产品的相关广告，向商家收取佣金。

需要注意的是，不管是以哪种方式实现广告变现，都需要注意以下两点。

① 不能只顾佣金的多少而不顾及产品的质量。宣传产品就需要对产品负责，社群粉丝因为相信社群及社群的品质才购买社群推荐的产品，如果社群推荐的产品出现质量问题，不仅会侵害消费者的权益，还会降低粉丝对社群的信任度。所以，在选择产品时，要严格把控产品质量关，最好是能够亲自试用，确认无误且有效之后再做推广。

② 在社群推广宣传产品的广告时要注意推广的频率，如果推送过于频繁，势必会引起粉丝的反感，从而造成粉丝的大量流失。

如图 12-4 所示为社群广告变现。

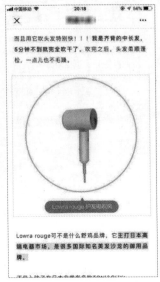

图 12-4　社群广告变现模式

12.2.4　社群直播变现

社群中的直播变现比较常见，也是一种比较好的内容输出方式。在直播的过程中，运营人员可以快速得到粉丝的反馈，与粉丝形成有效互动，还能够提升粉丝的现场参与感。

另外，因为直播中形成的互动使无数优质的问题被提出，粉丝的困惑得到了解决，也使粉丝不再仅仅作为被动接受知识的一方，这样的做法增强了粉丝对社群的黏性。

社群直播既可以产生优质的内容，同时也能够轻松实现变现，下面我们来具体看看直播变现的做法。

社群直播并不是一个新鲜的产物，它存在的时间也比较长了，所以其变现的方式也比较多。其中，比较传统的变现方式是礼物打赏和弹幕留言。

几乎每一个 APP 的直播间都会提供礼物打赏和弹幕留言的功能。礼物打赏

第 12 章 懂得变现获利才是硬道理

指粉丝观看直播，购买礼物打赏主播，然后主播再与平台分成。粉丝打赏越多，主播获得的收益也就越多。

除此之外，如果直播间人数过多，主播并不会逐条回复，但是为了活跃直播间的气氛，大多数弹幕都会回复。此时，有一类弹幕需要付费才能发送，粉丝发送弹幕，支付费用，主播也会获得分成，这属于传统的变现方式。

随着社群直播的快速发展，直播也衍生出了多种新型的变现方式，具体如下所述。

① 接受广告植入变现。这一点与社群广告变现相同，都是为商家的产品打广告，然后收取商家的推广费。但是与一般的广告不同，他们是以直播的方式直接在视频中介绍并推广商家的产品，促使粉丝购买消费。如图 12-5 所示为某社群直播间广告植入。

图 12-5　直播广告变现

② 直播卖货变现。除了接广告之外，很多主播实际上有自己的店铺或者本身自己就是一名微商，所以在前期积累了大量的粉丝之后就会开始自己的直播，在直播间直接卖货变现。如图 12-6 所示为直播卖货变现。

图 12-6　直播卖货变现

③ 付费直播变现。付费直播也可以理解为内容付费，粉丝付费之后即可观看直播，享受更高质量的内容。

④ 游戏直播变现。游戏直播可以使主播与粉丝之间产生频繁的互动，增强主播与粉丝的联系，而且游戏过程需要充值，从而实现变现。

以上为比较常见的直播变现方式，实际上除了上述介绍的变现方式外，还有其他变现方式，例如举办线上、线下活动等。总体来说，直播是一条比较便捷快速的社群变现渠道。

12.2.5　社群众筹式变现

社群众筹式变现实际上是结合了"社群"和"众筹"的特性完成的变现。首先聚集相同兴趣的成员形成社群，在社群中发起众筹项目，并设计盈利分红制度实施项目，最后实现变现。

社群众筹式变现需要遵循以下 5 项原则。

① 创建社群之初，要充分考虑社群对成员存在的价值。

② 吸引同类兴趣的成员加入社群。

③ 寻找社群中各个领域的核心成员。

④ 设计项目内容，让社群中的内容产品化、具体化。

⑤ 确定明确的分红规则和盈利模式。

通过上述内容的确定，可以规避和减少社群中许多不必要的问题。通常来说，利用社群众筹变现的都是缺乏资金的技术人员，或者是项目设计人员，他们往往有很好的想法和技术，但是缺乏资金，所以项目难以启动。而社群众筹的模式一方面可以吸引更多对项目有兴趣的人员；另一方面也可以降低独立出资的压力和风险。

12.2.6 社群拍卖式变现

社群拍卖式变现指的是将社群和拍卖相结合的变现方式，通过社群聚集大批对文玩、珠宝、字画以及收藏等有兴趣的成员，然后通过拍卖的方式完成交易，实现变现。

实际上在今天看来，网络社群拍卖已经不是一件新鲜事了。微信拍卖群、淘宝拍卖群等发展快速且积极，打破了传统拍卖行业存在的空间上的限制，能够让更多的人参与到拍卖活动当中来。

但是网络拍卖不可不提的要点有两个：①网络上拍卖的物品真假难辨，尤其是古玩类的藏品，往往需要专家才能鉴别真假，所以玩家参与拍卖时担心买到假货；②对于很多拍卖物品，除了买家需要眼见之外，更讲究物品"手感"，即通过实际的触摸感受才知道拍卖物的价值，但这是网络拍卖不能满足的。这两点是限制社群拍卖发展的关键。

因此，拍卖社群应由正规的、有资质的企业建立。另外，社群成员的来源也需要精准找寻，才能够促使社群拍卖变现的实现。

最后，不得不提的是关于社群拍卖活动是否合法的问题。首先拍卖指以委托寄售为业的商行当众出卖寄售的物品，由许多顾客出价争购，直到没有人再出更高价时，就拍板表示成交。

我国在拍卖法中明确规定，公开、公平、公正及诚实信用为拍卖活动必须遵守的基本原则。如果违背我国的法律，就是违法行为，严重的可能涉嫌犯罪。

另外，拍卖活动需要满足以下3个基本要求。

（1）拍卖必须有两个以上的买主。 即凡拍卖活动，表现为只有一个卖主（通常由拍卖机构充任）而有许多可能的买主，从而得以具备使后者相互之间能就其欲购的拍卖物品展开价格竞争的条件。

（2）拍卖必须有不断变动的价格。 即凡拍卖价格，皆非卖主对拍卖物品固定标价待售或买卖双方就拍卖物品讨价还价成交，而是由买主以卖主当场公布的起始价为基准另行报价，直至最后确定最高价金为止。

（3）拍卖必须有公开竞争的行为。 即凡拍卖物品，都是不同的买主在公开场合针对同一拍卖物品竞相出价，争购以图。而倘若所有买主对任何拍卖物品均无意思表示，甚至没有任何竞争行为发生，拍卖就将失去意义。

我国在《拍卖法》（全称中华人民共和国拍卖法）第一节中对拍卖人作出了明确的规定。

第十条　拍卖人是指依照本法和《中华人民共和国公司法》设立的从事拍卖活动的企业法人。

第十一条　企业取得从事拍卖业务的许可必须经所在地的省、自治区、直辖市人民政府负责管理拍卖业的部门审核批准。拍卖企业可以在设区的市设立。

第十二条　企业申请取得从事拍卖业务的许可，应当具备下列条件：

（一）有一百万元人民币以上的注册资本。

（二）有自己的名称、组织机构、住所和章程。

（三）有与从事拍卖业务相适应的拍卖师和其他工作人员。

（四）有符合本法和其他有关法律规定的拍卖业务规则。

（五）符合国务院有关拍卖业发展的规定。

（六）法律、行政法规规定的其他条件。

12.2.7 社群分销式变现

分销是指建立销售渠道，即某种商品或服务在从生产者向消费者转移的过程中，取得这种商品、服务所有权，帮助所有权转移的所有企业和个人。

社群分销式变现，即借助社群的特点，让社群中原本对产品有兴趣或认同产品的成员成为分销代理人，从而直接打通商家与潜在客户之间的联系，扩展目标客户群体。

社群分销让社群成员成为分销代理员，向自己身边的潜在目标客户进行推销，赚取差价，商家获得产品利润。

所以，当社群成员成为分销员，这时候客户渠道就会更加丰富，社群反而成为最重要的销售力量。社群分销式变现是早期微信社群中比较流行的一种变现方式，因为微信强关系的特点，能够让社群成员快速销货，社群变现效率高。

社群分销式变现的关键在于给予社群成员丰厚的福利，这样才能吸引成员积极销货。丰厚的福利可以从3个方面入手，具体如下所述。

（1）**物质奖励**：物质奖励能够让成员直接感受到福利，得到优惠，是社群成员比较喜欢的一种奖励方式。具体表现形式可以是提高佣金提成，或者直接给予现金奖励或者礼物奖励。

（2）**精神奖励**：除了物质奖励之外，精神上的肯定和鼓励也能促使社群成员积极销货。

（3）**身份奖励**：身份奖励在社群分销变现活动中比较常见，主要体现为社群为不同销量的分销员设置不同的职务等级和名称，并以之满足社群成员的荣誉感。

12.2.8 社群周边变现

社群周边变现是一种间接的变现方式,指虽不是社群的直接内容输出,但是是与社群内容相关的产品,即社群周边的产品。这些社群周边的产品对社群成员而言有很强的吸引力,所以能够实现变现目标。

范例借鉴

如"××吉祥"公众号,它是一个美图公众号,每天会向自己的粉丝推送原创的、极具风格的头像壁纸美图。但是该公众号也利用周边产品实现变现。其具体步骤为进入公众号,点击"商业转载"选项卡,在弹出的菜单列表中选择"××周边小屋"选项,进入周边小屋的购买页面,如图12-7所示。

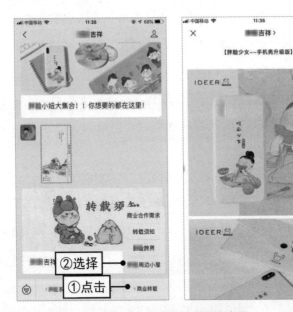

图12-7 购买社群周边商品

在周边小屋中可以购买具有××吉祥公众号特有风格的产品,如手机壳、鼠标垫和纸胶带等。